DE LA

# CONDITION JURIDIQUE DES FILIIFAMILIAS

EN DROIT ROMAIN

DU

# RÉGIME LÉGAL DES COURS D'EAU

## NON NAVIGABLES NI FLOTTABLES

### AU POINT DE VUE DE L'AGRICULTURE ET DE L'INDUSTRIE

EN DROIT FRANÇAIS

PAR

## Albert CARCASSONNE

DOCTEUR EN DROIT

AVOCAT

PARIS

ALPHONSE DERENNE

Boulevard Saint-Michel, 52

1882

DE LA

# CONDITION JURIDIQUE DES FILIIFAMILIAS

EN DROIT ROMAIN

DU

# RÉGIME LÉGAL DES COURS D'EAU

## NON NAVIGABLES NI FLOTTABLES

### AU POINT DE VUE DE L'AGRICULTURE ET DE L'INDUSTRIE

EN DROIT FRANÇAIS

PAR

## Albert CARCASSONNE

DOCTEUR EN DROIT

AVOCAT

PARIS

ALPHONSE DERENNE

Boulevard Saint-Michel, 52

1882

A LA MÉMOIRE DE MON PÈRE


A MA MÈRE


A MES PARENTS — A MES AMIS

# DROIT ROMAIN

## DE LA CONDITION JURIDIQUE DES FILIIFAMILIAS

### INTRODUCTION

Le fondement de la famille, dans le droit général des sociétés, c'est le mariage. Tous ceux que rattache le lien du sang appartiennent à une même agrégation, et nul ne peut en faire partie s'il ne descend de la même origine que les membres qui la composent. Telle est la *ratio naturalis*, la base naturelle de la famille.

La constitution de la famille romaine, à l'origine, ne repose pas sur cette idée. Sans doute le mariage, les *justœ nuptiœ*, en sont un élément important, mais sa véritable base est tout autre. Il suffit, pour s'en convaincre, de remarquer que ne font partie de la famille ni les parents maternels, ni même tous les parents paternels, et qu'en sens inverse des personnes non unies par les liens du sang sont membres de la famille.

Il est vrai qu'il existe à côté de la parenté civile ou agnation, la cognation qui n'est autre chose que la parenté naturelle ; mais, dans l'ancien droit, les effets produits par la cognation sont bien insignifiants, et les droits de famille, notamment de tutelle et de succession, ne sont produits que par l'agnation.

Le lien qui unit ensemble les agnats qui composent une même famille, n'est donc pas le lien du sang. C'est la puissance paternelle, qu'elle ait existé, qu'elle existe encore, ou qu'elle ait pu exister sans la mort du *pater-familias*, qui constitue le fondement de la parenté civile.

Il faut chercher l'origine de la puissance paternelle dans la vie guerrière et les mœurs brutales des premiers Romains. Il est difficile de savoir d'une façon précise à quelle époque les droits absolus du père que nous aurons à décrire ont été consacrés législativement pour la première fois ; ce qu'on peut affirmer, c'est que la loi a trouvé ces droits consacrés par l'usage, et qu'elle n'a été que l'écho fidèle des mœurs qui régissaient la société. Ainsi le dit Ulpien (l. 8 D. I, 6).

Or, l'idée de conquête, de prise à main armée, et par suite de dépendance absolue, servitude ou propriété, des personnes et des choses, se retrouve partout dans les mœurs primitives. Réalité ou fiction, la conquête est comme la source de tous les droits qui appartiennent au citoyen romain. C'est par la conquête qu'il a acquis le butin et les esclaves à la guerre, c'est par la fiction d'une conquête que la propriété lui est transférée dans la man-

cipation et l'*in jure cessio*, et Festus nous rapporte que
la lance passe sur la chevelure de la mariée comme pour
attester la conquête que le mari vient d'en faire.

Aussi la puissance paternelle, dans la simplicité rude de
ces mœurs des premiers Romains, est-elle empreinte d'un
caractère despotique qui lui donne une grande analogie avec
la puissance du maître sur son esclave. Nous montrerons
dans le cours de cette étude que ces deux puissances ne
doivent cependant pas être confondues, et que, dès la première époque où les documents que nous possédons nous
permettent d'étudier la législation romaine, une différence
radicale sépare le fils de l'esclave, c'est qu'il n'est pas une
chose, mais une personne.

Le législateur qui trouvait la famille ainsi organisée,
suivit l'impulsion des mœurs et maintint d'abord le pouvoir
absolu du père de famille. Il ne songea qu'à l'intérêt du
père et nullement à la protection de l'enfant, et son véritable but ne fut pas même l'intérêt du père, mais un but
tout politique. « La loi, dit M. Accarias, veut assurer la
conservation des idées religieuses par l'unité du culte privé,
la conservation des fortunes par l'unité du patrimoine, enfin, la conservation des mœurs et des traditions nationales
par la souveraineté d'une serle volonté. »

Nous avons à étudier la condition juridique des personnes soumises à cette puissance, mais auparavant il faut
déterminer quelles sont ces personnes.

Si nous supposons un *paterfamilias*, c'est-à-dire un

homme *sui jùris*, maître de ses droits, il aura sous sa puissance :

1° Tous ses enfants, fils ou filles, et tous ses descendants *per masculos* issus *ex justis nuptiis*;

2° Les femmes mariées avec *manus*, soit au *paterfamilias*, soit à ses fils ou petits-fils en puissance;

3° Les enfants adrogés par le père de famille, et tous ceux qui se trouvaient sous leur puissance avant leur adrogation, ou qui, depuis, ont été conçus en légitime mariage par eux ou leurs descendants légitimes;

4° Les enfants adoptés par le père de famille et leurs descendants légitimes conçus depuis l'adoption;

5° Les enfants légitimés par le père de famille ou par ses enfants ou descendants mâles en puissance.

Telles sont les personnes qui, groupées autour du chef de famille, sont soumises à sa puissance, et qui, quel que soit leur âge, sont appelés *filiifamilias* et *filiæfamilias*.

Un *filiusfamilias* peut sortir de la puissance paternelle à laquelle il se trouve soumis, soit en passant dans une autre famille et sous une autre puissance, soit en devenant à son tour *paterfamilias*.

Le premier résultat se produit : 1° lorsque la fille de famille passe sous la *manus* d'un mari ou d'un tiers; 2° lorsque le fils de famille est donné en adoption.

Le fils de famille devient au contraire *sui juris* :

1° Quand le *paterfamilias* sous la puissance duquel il se trouve, meurt, encourt l'esclavage *jure civili*, ou perd la cité. Quant à ceux qui étaient séparés du *paterfamilias* par un intermédiaire, ils restent en puissance : ainsi le petit-fils passera de la puissance de l'aïeul sous celle de son père ;

2ᵉ Quand certaines dignités lui sont conférées (vestale pour les filles, flamine, évêque, patrice, pour les fils) ;

3° Quand il est émancipé.

Enfin la mort, la perte de la cité, l'esclavage encourus par le fils de famille, anéantissant sa personne juridique, suppriment par là même tous ses rapports de famille et de puissance.

Par ce rapide exposé des sources et des modes de dissolution de la puissance paternelle, nous avons déterminé d'une façon précise qui est *filiusfamilias*. La condition juridique du *filiusfamilias* est l'objet que nous nous proposons d'étudier dans ce travail. Nous prendrons cette condition dans les premiers temps de Rome, alors que la puissance paternelle avait ce caractère absolu qui supprimait presque la personnalité des enfants en puissance. Nous montrerons comment cette puissance s'est successivement adoucie, et comment le fils de famille, d'abord simple instrument de son père, incapable d'avoir un patrimoine, a acquis une capacité de plus en plus grande.

Nous verrons enfin sous Justinien la règle ancienne presque renversée, et le fils de famille acquérant en principe pour lui-même et exceptionnellement pour le *pater-familias*. De même, en ce qui concerne le pouvoir du père sur la personne, nous indiquerons les adoucissements qu'il a reçus, et grâce auxquels le droit de vie et de mort a été remplacé sous Justinien par un droit de correction modérée.

Nous diviserons cette étude en deux parties :

1° De la condition juridique du fils de famille quant à la personne ;

2° De la condition juridique du fils de famille quant aux biens.

# PREMIÈRE PARTIE

## De la condition juridique du fils de famille quant à la personne.

Dans l'ancien droit romain, le père a un pouvoir à peu près absolu sur la personne des enfants soumis à sa puissance ; aucune disposition législative n'apporte de restriction à ses droits. Il exerce une sorte de magistrature domestique, *imperium domesticum*, en vertu de laquelle il peut mettre à mort son fils et le vendre, pour ne citer que ses droits les plus rigoureux. Nous allons étudier les atténuations successives qui ont été apportées à ce pouvoir exorbitant, mais auparavant, nous devons dire quelques mots d'une question très discutée, et qui divise encore aujourd'hui les interprètes du droit romain.

Les effets de la puissance paternelle découlent-ils d'une idée de propriété du père sur la personne du fils ? Le fils, comme l'esclave, était-il considéré comme la chose de son père ?

L'affirmative a trouvé des partisans nombreux, entr'autres Pothier, qui admet sans hésiter que le père avait sur son fils un véritable droit de propriété.

Les partisans de ce système invoquent d'abord de loi 1,

§ 2, Dig. VI, I, qui d'après eux, établit que le fils de famille pouvait être revendiqué ; ils s'appuient encore sur un texte de Gaïus qui montre qu'il peut être l'objet d'une revendication (1, § 132), et enfin sur le droit qui est donné au père, même dans la législation de Justinien, d'intenter l'action de vol contre celui qui lui a enlevé son fils frauduleusement.

Nous dirons que le fils de famille est apte aux fonctions publiques ; il peut occuper les magistratures 'les plus élevées de l'État, il deviendra un jour *sui juris* et *paterfamilïas*, comment concevoir qu'il soit mis au rang de l'esclave, qu'il soit considéré comme une chose, qu'il fasse l'objet d'une véritable propriété ?

Aussi bien les arguments invoqués ne sont-ils pas concluants. Le fils de famille, nous dit-on, peut être l'objet d'une mancipation (Gaïus 1, § 132). Mais est-ce bien le fils qui est l'objet de la mancipation et n'est-ce pas plutôt la puissance paternelle ? La loi des XII Tables renfermait la disposition suivante : « *Si pater filium ter venumdabit, filius a patre liber esto.* » Après trois mancipations, la puissance paternelle se trouvait éteinte, mais la propriété du fils n'était pas transférée, et la preuve en est dans ce fait que le fils ne devenait pas l'esclave de l'*accipiens*, il tombait seulement sous son *mancipium*.

L'*actio furti* accordée au père contre celui qui lui a enlevé frauduleusement son fils ne prouve pas du tout sa qualité de propriétaire. Cette action, tendant à l'application de la peine criminelle, appartient en effet à toute personne intéressée. Le propriétaire a en outre pour recouvrer sa chose la revendication et la *condictio furtiva*. Or la *condictio furtiva* est formellement refusée au père. « *Liberarum personarum nomine licet furti actio sit, condictio tamen nusquam est* (L. 38, § 1, D. XLVII, 2). »

Quant à la revendication, nous avons dit qu'on avait invoqué un texte d'Ulpien pour prouver qu'elle peut s'appliquer au fils de famille; il nous reste à montrer que la portée de ce texte a été singulièrement exagérée. Voici ce que dit Ulpien (L. 1, § 2, VI, 1). « *Per hanc autem actionem (scilicet rei vindicationem), liberæ personæ quæ sunt juris nostri, ut puta liberi qui sunt in potestate, non petuntur. Petuntur igitur præjudiciis, aut interdictis, aut cognitione prætoria; et ita Pomponius libro XXXVII; nisi forte, inquit, adjectâ causâ quis vindicet. Si quis ita petit filium suum vel in potestate ex jure Romano, videtur mihi et Pomponius consentire recte eum egisse; ait enim adjectâ causâ ex lege Quiritium vindicare posse.* »

Ulpien, dans la première partie de ce texte, pose en principe que les personnes libres ne peuvent être revendiquées, mais il ajoute que Pomponius, dans certaines circonstances, admettait une revendication *adjectâ causâ*. A quelle modification de la formule Papinien fait-il allusion? Cujas et Pothier prétendent que les mots *adjectâ causâ*, se rapportent à ceux-ci : « *ex jure Romano, ex lege Quiritium.* » L'explication nous paraît inacceptable, car nous ne voyons pas ce que, dans ce système, la formule aurait de particulier, et le texte de Pomponius suppose une mo-

dification à la formule ordinaire de la revendication. En
vain Cujas allègue que la propriété ordinaire peut être ré-
clamée, soit en vertu du droit des gens, soit en vertu du
Droit civil, tandis que la puissance paternelle ne pourrait
l'être qu'en vertu du Droit civil : ce que Pomponius aurait
voulu exprimer quand il dit « *adjectâ causâ ex lege Quiritium vindicare posse.* » Cette idée ne peut plus se soutenir depuis la découverte des commentaires de Gaïus, qui
nous montrent d'une façon certaine que par la *rei vindi-
catio* on ne pouvait pas réclamer un droit fondé sur le droit
des gens ; il fallait en ce cas recourir à une fiction ou à une
formule *in factum*.

Mais alors quelle est l'idée de Pomponius? Elle nous
paraît résider dans ce membre de phrase : « *Si quis ita
petit filium suum vel in potestate ex jure Romano.* » La
formule au lieu d'être conçue comme pour un esclave
« *Si paret hunc hominem Auli Agerii esse* » était modifiée de la façon suivante : « *Si paret hunc hominem Auli
Agerii filium esse, ou bien in potestate esse.* »

Cette explication se trouve confirmée par un texte où
Gaïus parlant de la revendication qui intervient pour la
forme dans l'adoption, dit : « *Is qui adoptat vindicat
apud prætorem filium suum esse.* » (Gaïus I, § 134).

Le père ne peut donc pas dire de son fils « *meum esse* »
comme de son esclave. N'est-ce pas la preuve qu'à la
différence de son esclave, son fils n'est pas sa propriété?

Les textes, on le voit, sont plutôt contraires que favora-
bles à l'idée de la propriété du père sur son fils en puis-

sance, or, pour admettre un droit aussi exorbitant, ne faudrait-il pas des textes précis ?

Mais quel est alors le fondement des pouvoirs absolus du père ? Le droit de vie et de mort se conçoit à merveille dans le système que nous avons combattu ; c'est une suite du droit de disposition du père sur une chose qui lui appartient. Mais, n'est-il pas possible de l'expliquer autrement ?

Nous avons indiqué que dans les temps primitifs de Rome, alors que la puissance paternelle était régie par les mœurs plutôt que par les lois, l'autorité du père était entière et absolue, et qu'en fait à certains points de vue le fils semblait considéré comme une chose. Mais, quand le législateur organisa à son tour la famille, tout en laissant au père une autorité presque sans limites, il reconnut la personnalité du fils, il le distingua de l'esclave, et dès lors l'idée de propriété disparut complètement. La puissance paternelle devint un *imperium domesticum*, une sorte de délégation de la puissance publique, de juridiction suprême s'étendant à tous les membres de la famille. C'est ainsi que nous voyons le père qualifié dans les textes de *censor filii* (Suétone Claudius, C. 16), *domesticus magistratus* (Sénèque *de beneficiis* III, 11), *princeps familiæ* (Ulpien IV. 1. Paul L. 250 D. L. 6).

Du reste, les effets de la puissance du père sur l'enfant ne se font pas sentir en matière de droit public. Pour l'exercice des fonctions publiques, le fils est traité comme un *paterfamilias*. Pomponius (l. 9 D. I. 6) dit qu'il peut

être promu à une magistrature ou appelé à une tutelle.
Dans l'exercice de ces charges, il est indépendant du père,
et Cicéron rapporte l'exemple d'un père condamné comme
*reus majestatis*, pour avoir arraché de la tribune son fils
investi des fonctions de tribun (. *De invent*. II. 17).

Nous allons entrer dans le détail des pouvoirs du père
sur la personne de l'enfant et étudier dans trois sections
distinctes :

1° Le droit de vie et de mort et le droit d'exposition.

2° Le droit de vendre l'enfant et de le donner en *noxe*.

3° Le droit de consentir au mariage du fils en puissance, de lui nommer un tuteur et de faire une substitution
pupillaire.

## SECTION PREMIÈRE

*Du droit de vie et de mort et du droit d'exposition.*

Le droit de vie et de mort sur la personne des enfants
en puissance a dû appartenir au père, dès l'origine de la
société romaine. Denys d'Halicarnasse le fait remonter à
Romulus, et Papinien (*Col. leg. Rom. et Mos.* IV § 8)
parle d'une *lex regia* qui l'aurait reconnu. Il était certainement consacré en termes exprès par la loi des XII Tables. Du reste, les historiens nous citent maint exemple de
père condamnant son fils à mort (Tite Live II, 41, et
VIII, 47). Il est vrai que certains passages des auteurs

sont de nature à faire croire que le père devait prendre l'avis de certains parents et amis (Sénèque *de clement.* 1, 15) ; il y avait sans doute là un usage fréquent ; mais, rien ne nous autorise à dire que le père fût obligé de s'y conformer.

Il semble qu'un droit aussi exorbitant aurait dû disparaître de bonne heure, et cependant nous le trouvons encore en pleine vigueur au commencement de l'Empire. La première décision que nous trouvons venant au secours du fils est la loi 5. D. XXXVII. 12. — Trajan oblige un père qui maltraitait son fils à l'émanciper, et ce fils étant mort, il refuse au père les droits de succession qui lui appartenaient en qualité de *manumissor.*

Quelques années plus tard, Adrien condamne à la déportation un père qui avait tué à la chasse son fils coupable d'adultère avec sa belle-mère (L. 5, D, XLVIII, 9). Ce ne sont là que des décisions isolées et timides, qui laissent intact le droit de vie et de mort entre les mains du père ; Adrien en effet donne comme motif de la peine qu'il inflige « *quod latronis magis quam patris jure eum interfecit.* » Il faut arriver à Alexandre Sévère pour trouver une barrière sérieuse aux pouvoirs du père.

Dans une constitution rendue en l'année 228 (L. 3, C. VIII, 41), ce prince décide que le père pourra infliger des peines légères « *castigare* », mais en cas de faute grave, de persévérance dans le mal, il doit s'adresser au magistrat « *dicturo sententiam quam tu quoque volueris.* » Ces derniers mots signifient-ils que le magistrat devait obtempérer à la décision du père, et ne pouvait-il pas réduire la peine ? La question est obscure, ce qu'il y a de certain, c'est que le magistrat seul pouvait prononcer la peine de mort : « *Inauditum filium pater occidere non potest, sed accusare eum apud præfectum præsidemve provinciæ debet* », dit Ulpien (l. 2, D. XLVIII, 8).

Le droit de vie et de mort du père se trouvait aboli, mais le meurtre du fils n'avait encore aucune sanction ; la loi Pompéia *de parricidiis* ne s'y appliquait point.

Constantin soumit le père à la peine du parricide (L. un. C. IX, 17). Enfin en l'an 365 une constitution de Valentinien et Valens (L. un. C. IX, 15) dit expressément que le père a seulement un droit de correction légère « *domesticæ emendationis,* » et que la connaissance des fautes graves « *enormis delicti* » appartient au juge.

*Du droit d'exposition.* — Il était naturel que celui qui pouvait tuer son fils pût l'abandonner, et nous trouvons en effet chez les écrivains de nombreux exemples de pères qui, poussés le plus souvent par la misère, abandonnent leurs enfants pour se décharger du soin de les élever et de les nourrir. Cet usage barbare était-il formellement reconnu par la loi ? S'il faut en croire Denys d'Halicarmasse, il aurait été expressément établi par la loi des XII Tables. Ce qui n'est pas douteux, c'est que les expositions, d'abord rares et s'appliquant surtout aux enfants difformes, se multiplièrent avec une déplorable facilité. L'exposition des enfants devint une véritable plaie, et elle s'enracina tellement dans les mœurs, que le législateur n'osa pas s'y attaquer de front, et ne prit, pour arrêter le torrent, que des mesures indirectes et surtout impuissantes. Pline (Épist. X, 71 et 72) nous apprend que des édits locaux d'Auguste, de Vespasien, de Titus et de Domitien, s'occupèrent des enfants ainsi abandonnés et recueillis par d'autres personnes, et déclarèrent qu'ils resteraient libres et ingénus.

Constantin qui avait puni de la peine du parricide le père qui tuait son enfant devait naturellement prendre en main le sort des enfants exposés. Dans deux constitutions insérées au Code théodosien (L. 1 et L. 2, C. Th. XI, 27) ce prince ordonne à ses officiers de prendre sur le trésor des sommes suffisantes, pour assurer des secours aux parents pauvres qui ne pourraient élever leurs enfants. Il décide en outre (L. 1, C. th. V, 7) que l'enfant sort de la puissance paternelle et passe sous la puissance de la personne qui l'a recueilli, laquelle pourra l'élever à titre d'enfant ou d'esclave, suivant son intention manifestée dans un acte dressé devant témoin ou signé par l'évêque du lieu,

Il fallait que le mal fût bien grand pour que le premier empereur chrétien crût devoir déroger au principe toujours admis que la liberté est inaliénable. Théodose rétablit ce principe en décidant (L. un. C. th. III, 2) que l'enfant recueilli pourrait toujours recouvrer sa liberté sans indemnité.

Sans doute, les personnes qui recueillaient ainsi les enfants obéissaient plutôt à un mobile intéressé qu'à une pensée charitable, car Valentinien III dut en revenir au système de Constantin. L'enfant fut obligé, pour obtenir sa liberté, d'indemniser celui qui l'avait recueilli ou acheté et de lui donner même un cinquième en plus. Enfin Justinien remit en vigueur la constitution de Théodose, et décida que les enfants exposés, qu'ils fussent de race ingénue ou de race servile, seraient toujours traités comme libres (L. 3, C. VIII, 52).

Nous n'avons trouvé dans les divers textes que nous avons cités aucune sanction pénale ; nous ne croyons pas en effet que l'exposition d'un enfant ait jamais soumis le père à aucune peine. Nous devons cependant indiquer que certains auteurs ont cru trouver cette sanction dans la combinaison de deux lois promulguées en l'an 374 par l'empereur Valentinien. La première (L. 8, C. IX, 4) punit de la peine de mort celui qui aura tenté de tuer un jeune enfant, et la seconde (L. 2, C. VIII, 52) déclare que le père qui expose son fils « *animadversioni quæ constituta est subjacebit.* » Nous pensons que ces mots font plutôt allusion à la privation de la puissance paternelle dont Constantin frappe le père, disposition reproduite dans la loi de Valentinien, qu'à la peine de mort prononcée contre celui qui a tenté de tuer un jeune enfant.

## Section II

### *Droit de vente et abandon noxal*

Le seul article de la loi des XII Tables qui nous ait été conservé relativement au droit de puissance paternelle est celui qui consacre le *jus vendendi* : « *Si pater filius ter venumdabit filius a patre liber esto.* » Au bout de trois mancipations du fils, la puissance paternelle était éteinte ; par une interprétation stricte de la loi des XII Tables, on avait décidé qu'une seule mancipation était nécessaire pour la fille et le petit-fils. Nous savons déjà que l'*accipiens* acquérait non pas le *dominium*, mais le *mancipium*.

L'enfant *in mancipio* restait ingénu, il ne faisait pas partie du patrimoine de l'*accipiens* ; à la fin de chaque lustre, il pouvait exiger sa *manumissio censu.*. Il est vrai que si c'était un fils, cet affranchissement le faisait retomber sous la puissance paternelle, mais après trois mancipations celle-ci était dissoute, et un nouvel affranchissement le rendait *sui juris*. Le même résultat se produisait pour la fille et le petit-fils, dès le premier affranchissement.

Cette mancipation des enfants en puissance intervenait dans trois circonstances absolument différentes : 1° Elle était une pure condition de forme dans l'adoption et l'émancipation ; 2° elle se faisait dans un but de lucre, à prix d'argent ; 3° le *paterfamilias* abandonnait en noxe l'enfant qui avait commis un délit.

Carcassonne                                              2

Dans ces trois fonctions, la mancipation eut des desti-
nées diverses. Comme forme de l'émancipation et de l'adoption, elle n'offrait aucun danger, le fils de famille ne faisait
que passer sous le *mancipium*; aussi subsista-t-elle jusqu'à Justinien.

Comme véritable vente, Gaïus (I §§ 141) indique qu'en
fait elle ne se pratique plus guère de son temps; Paul dit
qu'elle n'a lieu qu'au cas d'extrême misère des parents;
elle est enfin défendue expressément et d'une manière générale par Dioclétien (L. 1 C. IV. 43). Dans un but d'hu-
manité, pour éviter les expositions et les infanticides, Constantin, tout en renouvelant la prohibition en règle générale,
autorise la vente de l'enfant qui vient de naître (*adhuc
sanguinolentus*). Mais le père pourra réclamer son enfant
en indemnisant l'acquéreur (L. 1 C. Th. V. 8). Justinien
reproduit la législation de Constantin (L. 2 C. IV. 43).

Il nous reste à parler de l'abandon noxal. Cette institution, fondée sur cette idée absolument égoïste, que le père
ne peut être tenu des fautes de son fils que *propter rem*,
fut très souvent appliquée. Gaïus nous la montre en pleine
vigueur, et il faut arriver à Justinien pour la voir disparaître de la législation (Inst. IV. 8 § 7).

Le père, en mancipant son enfant, pouvait se proposer
de le donner seulement en gage; cette convention fut pro-
hibée de bonne heure. Paul (Sent. V. 1 §§ 1) nous
apprend que le créancier qui acceptait en gage un fils de
famille encourait la peine de la déportation que Justinien
remplace par la peine plus douce de la relégation (L. 5. D.

XX. 3). Plus tard, dans la novelle 137, ce prince décida
que celui qui sciemment recevrait un fils de famille en gage,
perdrait sa créance, et de plus donnerait une somme égale
à ses enfants et à ses parents, sans préjudice des peines
corporelles infligées par le juge du lieu.

## SECTION TROISIÈME

### DROIT DE CONSENTIR AU MARIAGE. TUTELLE TESTAMENTAIRE.
### SUBSTITUTION PUPILLAIRE.

### I. — *Droit de consentir au mariage.*

Le fils de famille, de même qu'il est apte aux fonctions
publiques, a le *jus connubii*, mais par respect pour le
*paterfamilias*, il ne peut se marier, quel que soit son âge,
sans son consentement. Nous retrouvons ici, à l'origine, ce
caractère arbitraire de l'autorité paternelle qui ne tient nul
compte de l'intérêt de l'enfant. Le fils n'a en effet aucun
moyen de vaincre la résistance de son père, et il peut se
trouver condamné à un célibat perpétuel, que le père refuse, ou qu'il soit dans l'impossibilité de donner son consentement.

Ces conséquences rigoureuses furent atténuées par diverses décisions. Nous allons examiner séparément les
deux hypothèses.

1° *Le père refuse son consentement.* — Jusqu'à l'époque d'Auguste, il n'y eut aucun moyen de vaincre sa résistance. Ce prince qui favorisait le mariage et voulait opposer une digue à la décroissance de la population, ne pouvait laisser subsister cet état de choses, et nous voyons en effet (L. 19, D. XXIII, 2) que la loi Julia permet au fils de s'adresser au magistrat, qui obligera le père à consentir au mariage.

2° *Le père est dans l'impossibilité de donner son consentement.* — Il faut distinguer ici trois hypothèses : A folie, B captivité, C absence du père.

**A.** *Folie.* — En cas de folie du père, il fut admis de fort bonne heure que les filles pourraient se marier, parce qu'elles ne pouvaient donner d'héritiers siens à leur père. Pour les fils, la règle que nul ne peut avoir d'héritiers siens malgré lui, semblait s'opposer à la même décision. Cependant Marc-Aurèle décida que les enfants du *mente captus* pourraient se marier librement, et Justinien étendit la même faveur aux enfants du *furiosus*.

**B.** *Captivité.* — Si le père prisonnier meurt chez l'ennemi, le mariage contracté par le fils depuis l'entrée en captivité est valable, car il est réputé avoir été *sui juris* depuis ce moment. Si nous supposons au contraire que le père revient, en vertu du *jus postlimini*, il est censé avoir toujours eu la puissance paternelle, et le mariage de l'enfant serait nul d'après la rigueur des principes. Ce résultat qui ne fut jamais admis pour la fille, fut aussi repoussé en ce qui concerne le fils (L, 12 § 3 D.XLIX, 15). Sous

Justinien, l'enfant ne se marie librement que trois ans après l'entrée en captivité de son père.

C. *Absence.* — Ici encore dans le droit classique on admet la validité du mariage, et Justinien la subordonne au délai de trois ans.

Quelle est la sanction du défaut de consentement du père? C'est la nullité du mariage (L. 18 D. XXIII, 2). Un texte de Paul semble contredire cette solution (Sent. II, 19 § 2) « *Eorum qui in potestate patris sunt, sine voluntate ejus matrimonia jure non contrahuntur : sed contracta non solvuntur.* » Ce texte signifie-t-il que le consentement du *paterfamilias* ne constitue, comme on dirait aujourd'hui, qu'un empêchement prohibitif? Cette interprétation serait erronée : les Romains ne connaissaient pas la distinction en empêchements dirimants et prohibitifs et les mots « *contracta non solvuntur* » signifient que le père ne peut dissoudre, par sa seule volonté, un mariage auquel il a consenti.

## II. — *Tutelle testamentaire*

C'est là un des attributs de la puissance paternelle, se survivant en quelque sorte à elle-même jusqu'à la puberté du fils de famille, idée qui explique également la substitution pupillaire. Le père qui mourait laissant un fils impubère, pouvait lui désigner un tuteur, qu'il l'instituât ou l'exhérédât (L. 4, D. XXVI, 2). Ce n'est qu'à défaut de tuteur testamentaire, qu'il pouvait y avoir lieu à la tutelle légitime ou dative.

### III. — *Substitution pupillaire.*

C'est une institution d'héritier que le père fait pour son enfant en puissance, pour le cas où celui-ci, lui ayant survécu, viendrait à mourir encore impubère. A l'époque classique, ce droit s'exerce que le fils ait été institué ou exhérédé. Le but du père était d'assurer la continuation de ses *sacra*, et de transmettre sa fortune conformément à ses affections personnelles.

# DEUXIÈME PARTIE

## Condition juridique du fils de famille quant aux biens

Si l'on avait assimilé le fils de famille à l'esclave, si on l'avait considéré comme une chose, il n'aurait eu aucune capacité, car, ce n'est qu'au profit des personnes que les droits existent. Tel n'est pas le point de vue auquel il faut se placer pour apprécier la capacité du fils de famille. Le fils de famille est une personne, un être susceptible d'avoir des droits, et si on sacrifie sa personnalité dans l'intérêt de l'unité de la famille, cette personnalité reparaît pleine et entière, partout où elle ne rencontre pas les droits absorbants du *paterfamilias*. Loin donc de dire que le principe est l'incapacité, nous dirons que c'est la capacité qui est la règle. Le fils de famille est capable de faire tous les actes juridiques, toutes les fois que la personne de son père ne se substitue pas à la sienne.

Mais ce principe doit être combiné avec l'unité de patrimoine qui a pour effet de faire acquérir au père tout ce que le fils acquiert, et qui, en empêchant le fils d'avoir aucune espèce de bien, lui enlève non pas la capacité, mais la possibilité de rien transmettre entre-vifs ni à cause de mort.

La preuve que telle est bien la théorie romaine, sera faite dans toute cette deuxième partie ; indiquons, pour le moment, un texte de Gaïus qui fait ressortir cette idée avec la plus grande netteté. En général, toutes les fois que le fils joue le rôle de créancier dans une stipulation, c'est le père qui acquiert la créance, le fils ne joue que le rôle d'un intermédiaire. Mais supposons une *ad stipulatio* dans laquelle l'idée de mandat implique que le droit est acquis à la personne même qui a figuré dans l'acte, et alors, nous dit Gaïus, le fils « *agit aliquid.* » Qu'est-ce à dire, si ce n'est que l'incapacité du fils d'être créancier, tient uniquement à la personnalité absorbante du père (Gaïus III, § 114) ?

Le jour où le fils de famille put avoir certains biens, par suite de la création des divers pécules, sa capacité reçut des modifications profondes, et sous Justinien la personne du fils est presque indépendante de celle du père. Nous n'en devons pas moins commencer par exposer les règles du droit primitif, qui subsistèrent jusqu'à Justinien pour les fils de famille à qui leur père n'avait confié la gestion d'aucun bien, qui en outre n'avaient rien acquis ni à l'armée, ni dans l'exercice des fonctions publiques, à qui enfin n'était échue ni succession ni donation provenant d'un ascendant maternel, ou de leur époux ou fiancé. Nous allons donc étudier dans deux titres : 1° la condition du fils de famille, abstraction faite des divers pécules ; 2° le développement des divers pécules.

# TITRE PREMIER

DE LA CONDITION DU FILS DE FAMILLE, ABSTACTION FAITE
DES DIVERS PÉCULES

Ce titre sera divisé en deux chapitres : 1° des relations juridiques du fils de famille avec les tiers ; 2° des relations juridiques du fils de famille avec son père.

Le premier chapitre comprendra deux sections : 1° de la capacité du fils de famille activement considérée ; 2° de la capacité du fils de famille passivement considérée.

# CHAPITRE PREMIER

## SECTION PREMIÈRE

*De la capacité du fils de famille activement considérée.*

Le principe qui domine est que le père de famille seul peut avoir un patrimoine. Le fils, arrivé à l'âge de puberté, est pleinement capable de figurer dans les actes juridiques, mais il n'est que l'instrument de son père qui profite seul des actes faits par son enfant. Ne pouvant avoir aucun droit, le fils n'obtient jamais d'action en son nom personnel, et cette conséquence nous expliquera certaines singularités.

Etudions en détail la capacité du fils de famille dans les divers actes juridiques, en supposant toujours pour le moment, qu'il y joue un rôle actif.

1° *Acquisition de droits réels.* — A. *Possession.* — Il a toujours été admis que le fils de famille pouvait acquérir la possession à son père, mais celui-ci, en vertu des règles de la possession, doit avoir l'*animus possidendi*. On peut en effet emprunter le *corpus* d'autrui, mais non pas l'*animus*. Bien que le fils doive avoir seulement le *corpus*, on n'admet pas que, si le fils est fou, il puisse faire acquérir la possession à son père (Paul, 1. 1, §§ 9 et 10. D. XLI, 2). Il faut qu'il ait l'*intellectus possidendi*, la volonté de faire acquérir à son père. Supposons que celui qui a livré la possession au fils ait eu la volonté de la transmettre au père, alors que la volonté du fils était de la transmettre à une autre personne. Dans ce cas, Julien et Ulpien donnent des solutions opposées, le premier disant que rien n'est fait, le second que la possession est acquise au père (L. 37, § 6. D. XLI, 1 et 1. 13. D. XXXIX, 5). Ces textes ne sont pas spéciaux au fils de famille, et s'appliquent à tous les cas où la possession est acquise par représentant.

B. *Propriété.* — Le fils de famille ne peut être propriétaire, tous les biens qu'il acquiert sont acquis au père. Il peut obtenir ce résultat par la tradition, à condition que la remise de possession satisfasse aux conditions ci-dessus indiquées. Il peut aussi rendre son père propriétaire par la mancipation et le legs. Mais il ne pourrait figurer dans une *in jure cessio*, parce qu'elle est la fiction de la revendication et que le fils de famille ne peut agir en justice, ni dans une *adjudicatio* qui suppose une action intentée. Dans tous les cas, où le fils de famille fait acquérir la propriété au père, l'acquisition a lieu au profit de ce dernier, même à son insu.

C. *Usufruit et servitude.* — Les règles sont les mêmes que pour la propriété ; c'est toujours le père qui est le sujet actif du droit, et le fils ne peut employer comme mode d'acquisition l'*in jure cessio*. Signalons deux particularités : 1° Pour acquérir une servitude, il faut avoir un fonds ; le fils n'ayant aucun bien, c'est pour le fonds de son père que le fils acquerra la servitude ; 2° Le fils ayant acquis un usufruit, le père profite de l'acquisition, mais l'usufruit s'éteindra-t-il par la mort du fils ou celle du père ? L'ancien droit distinguait : si l'usufruit avait été établi *inter vivos*, on s'attachait à la personne du père, avait-il été établi *mortis causa*, c'était celle du fils que l'on considérait (Fr. Vat. § 57). Dans le droit de Justinien c'est toujours à la mort du fils que l'on s'attache (L. 17 C. III. 33).

2° *Succession.* — Le fils de famille peut être institué héritier ou succéder *ab intestat*. C'est dans ce cas le père qui acquiert l'hérédité ; mais le *consensus* du père est nécessaire pour que le fils puisse faire adition, car, une hérédité comprend des dettes, et le père ne peut se trouver obligé par le fait de son fils. La volonté du père ne se substitue pourtant pas à celle du fils, lequel doit faire adition lui-même et connaître personnellement sa vocation.

Celui qui acquiert l'hérédité par une personne placée sous sa puissance n'est pas pour cela considéré comme institué, d'où il suit que les legs mis à sa charge seraient nuls (Ulpien XXIV §§ 21).

Le testateur qui désirait que l'institution profitât au fils, non au père, pouvait, soit subordonner l'institution à cette condition « *quum sui juris factu serit* », soit instituer le fils et obliger le père à lui restituer l'hérédité *post mortem suam*. Dans cette dernière hypothèse, le père mourant avant le testateur, le fils recueillait comme héritier ; le père survivant, le fils recueillait comme fidéicommissaire.

En cas de legs fait au fils de famille, le père retire le profit ; mais, tandis que pour l'institution d'héritier la succession est recueillie par celui qui a la puissance au jour de l'adition d'hérédité, pour le legs, c'est au jour du *dies cedens* que le droit se fixe en la personne du *pater-familias*.

3° *Créances*. — Le fils rend son père créancier par ses contrats et quasi-contrats et par les délits dont il est victime. Prenons comme type la stipulation. Le fils stipule pour son père « *ex personâ patris* » mais sa personnalité ne disparaît pourtant pas entièrement. Le contrat est-il obscur, c'est la volonté du fils qu'on recherchera, non celle du père. Le fils a-t-il stipulé un fait qui lui soit personnel par exemple « *ut sibi agere liceat,* » c'est lui qui passera, non son père ; mais, s'il y a un obstacle à l'exercice de la servitude, c'est le père qui intentera l'action.

Si le fils joue le rôle d'*adstipulator*, le père n'acquiert même plus la créance ; car c'est la personne du fils qui a été prise en considération. Par dérogation à la règle générale, c'est le fils qui devient créancier ; cependant il ne pourra poursuivre en justice que lorsqu'il sera devenu *sui juris* (Gaïus III, § 114).

Si le fils est victime d'un délit, l'action naît en la personne du père. Parfois une double action naîtra, l'une du chef du fils, l'autre du chef du père, mais le père les exercera l'une et l'autre. Ce résultat se produit dans l'action d'injures. Le fils est-il injurié, le père a une action de son chef, une du chef de son fils, sans que les deux estimations doivent nécessairement être égales (Inst. § 2, liv. IV, titre 4).

Observons que le fils de famille ne peut user du contrat *litteris*, car il n'a pas de *codex*.

4° *Actions*. — Aucune action ne peut naître en la personne du fils de famille puisqu'il n'a aucun droit. Elles naissent toutes en la personne du père. Ce principe aboutissait à de très graves inconvénients au cas où le père était absent ou ne pouvait agir pour un motif quelconque. Aussi une réaction se produisit. Le point de départ en est dans l'édit *de injuriis*. Si le père est absent, ou fou, et qu'il n'ait pas de procuration, le fils pourra intenter l'action (L. 17, § 10 et 11, D. XLVII, 10) ; Sabinus étendit la même règle à l'interdit *quod vi aut clam* (L. 19, XLIII, 24), Julien à tous les délits, au dépôt et au commodat (L. 9, D. XLIV, 3), Ulpien enfin généralisa la règle (L. 13, D. XLIV, 7).

Le fils de famille peut encore intenter *suo nomine*, et sans qu'il soit nécessaire que le père soit dans l'impossibilité d'agir, l'action *querela inofficiosi testamenti*, et la fille de famille l'action *rei uxoriæ* (*Vat. fr.*, § 269).

Dans les cas exceptionnels où le fils de famille était appelé à agir, il ne pouvait pas intenter l'action *in jus*, il devait employer l'action *in factum*. L'action *in jus* suppose, en effet, l'existence du droit chez celui qui l'intente, or, rigoureusement le fils de famille n'a pas de droit.

## Section II

### *De la capacité du fils de famille passivement considérée.*

*Droits réels.* — Le fils de famille ne peut transférer la propriété ni un droit réel quelconque, par acte entre-vifs ni par testament, puisqu'il n'a aucun bien qui lui soit propre. La première condition pour pouvoir aliéner, c'est d'être propriétaire, le fils de famille ne l'est pas. Il ne peut pas aliéner les biens de son père, car le *paterfamilias*, qui profite des actes de son fils, n'en souffre jamais. Toute aliénation faite par l'enfant en puissance est donc nulle, à moins qu'il n'agisse comme *procurator* de son père, et encore son père ne pourrait-il pas l'autoriser à faire un testament. A défaut de *procuratio*, un acte d'aliénation quelconque fait par le fils de famille resterait sans effet ; le père aurait la revendication pour réclamer ses biens.

*Obligations.* — Mais supposons une obligation contractée par le fils de famille. Il ne peut, par sa seule volonté rendre le père débiteur, mais il sera lui-même obligé civilement à l'égard des tiers. Le principe est posé dans la loi 39 D. (XLIV, 7). « *Filius familias ex omnibus causis*

*tanquam paterfamilias obligatur.* » A propos des obligations contractées par les fils de famille, nous traiterons
quatre paragraphes :

1° Droits du créancier contre le fils de famille ;

2° Droits du créancier contre le père ;

3° Du sénatus-consulte Macédonien ;

4° De la capacité de la *filiafamilias.*

§ 1. — *Droits du créancier contre le fils de famille.*

1° *Contrats.* — Le fils est obligé en vertu d'un contrat
ou d'un quasi-contrat, le créancier peut, sans attendre
qu'il soit devenu *sui juris*, le poursuivre en exécution de
son obligation (L. 39, D. XLIV, 7). Mais n'est-il pas
bizarre d'accorder une action contre le fils qui n'a aucun
bien ? Quel intérêt aura le créancier à agir ? Le créancier
peut se proposer de faire reconnaître son droit, afin de
pouvoir exécuter plus tard contre le fils devenu *sui juris*.
Il aurait un intérêt plus grand encore s'il fallait admettre
que les voies d'exécution sont possibles sur la personne du
fils de famille.

Cette solution eût été bien exorbitante vis-à-vis d'une
personne qui n'ayant pas de patrimoine, ne pouvait éviter
les voies d'exécution personnelles par une *bonorum cessio.*
Aussi ne croyons-nous pas que les Romains l'aient admise.
Les voies d'exécution en effet, aboutissant à priver le fils
de la liberté, eussent porté atteinte à la puissance paternelle. Or, il ne pouvait dépendre du fait du fils d'altérer,
en quoi que ce fût, cette puissance. Paul nous dit en
effet (Sent. XXII, 21 a § 9) que la fille de famille qui, à

l'insu du père, a eu des relations avec l'esclave d'autrui, ne perdra point la liberté en dépit du sénatus consulte Claudien « *quia facto filiorum pejor conditio parentum fieri non potest.* »

Ainsi, si le créancier agit *vivo patre* contre le fils, l'*actio judicati* restera suspendue, puisqu'on ne pourra exécuter ni sur les biens, ni sur la personne. C'est ce que confirme Paul (l. 5, pr. XIV, 5). L'action *judicati* sera donnée « *in id quod facere potest.* » La loi 2 pr. eod. tit. nous explique ces derniers mots. Il pouvait se faire que le fils de famille, devenu *sui juris* par émancipation ou succédant à un père insolvable, fût dans l'impossibilité, le jour où il devenait *sui juris*, de satisfaire à son obligation. Dans ce cas le préteur, après examen, accordait seulement l'action *in id quod facere potest.*

Justinien permit au fils de famille (L. 7, C. VII-71) de faire la *bonorum cessio* quoiqu'il n'eût aucun bien, car il pouvait en acquérir.

2° *Délits.* — Par ses délits, comme par ses contrats, le fils de famille peut s'obliger, et les tiers pourront intenter contre lui une action. Nous verrons qu'ils ont aussi une action contre le père, qui est tenu ou de donner le fils en noxe ou de payer la *litis œstimatio*. Mais le père peut ne pas accepter le débat « *noxali judicio invitus nemo cogitur defendere* (L. 29 et 33, D. IX-4). » En ce cas, la condamnation est prononcée contre le fils qui « *judicatum facere debet* » nous dit Ulpien (L. 34, D. IX-4). Nous concluons de là, contrairement à ce que nous avons admis

pour les contrats, que les voies d'exécution étaient per-
mises contre le fils de famille coupable d'un délit.

## § 2. — *Droits du créancier contre le père.*

Les actes du fils ne peuvent empirer la situation du père ;
donc, que le fils contracte ou commette un délit, aucune
action ne naît contre le père. Tel est le principe de l'ancien droit, mais de graves modifications y ont été apportées, soit en matière de contrats, soit en matière de délits.

1° *Contrats*. — C'est le préteur qui modifie le droit civil, en s'inspirant de cette idée que les obligations contractées par le fils de famille doivent réfléchir contre le père,
dans la mesure où il les a autorisées ou jusqu'à concurrence de son profit. De là les actions *quod jussu, exercitoria, institoria, tributoria, de in rem verso.* Nous n'a-
vons pas à présenter une théorie complète de ces actions,
nous les passerons seulement rapidement en revue. Les
actions *quod jussu, exercitoria, institoria* sont données *in
solidum,* les trois autres ne sont pas *solidi persecutoriæ.*
L'action *de in rem verso* repose sur une idée d'enrichissement, les cinq autres sur une idée de consentement.

*Action quod jussu.* — Cette action suppose que le fils
de famille agit *jussu domini.* Par *jussum* on entend moins
un ordre qu'un simple consentement. Le *jussum* n'est soumis à aucune forme, il peut être spécial ou général (L. I.
§§ 1, 3, 4 = XV, 4). Il peut consister dans l'approba-

l'on donnée à une obligation déjà contractée (L. I, § 6 *eod. tit.*). Dans ces divers cas, action est donnée pour le tout contre le père, pourvu que le fils se soit renfermé dans les limites du *jussum* (L. 3, *eod. tit.*).

*Actions exercitoria et institutoria.* — Ces deux actions, qui reposent sur la même idée et produisent le même effet que l'action *quod jussu*, sont données contre le père dont le fils est préposé soit à une exploitation agricole, commerciale ou industrielle, soit à la direction et à l'exploitation d'un navire.

*Action tributoria.* — Le fils fait le commerce avec des valeurs que son père lui a confiées, et le père connaît et tolère ce commerce (L. 3, §§ 2, 4, 5, pr. D. XIV, 4). Les tiers, qui ont traité avec le fils relativement à ce commerce, ont un droit de préférence par rapport à tous autres créanciers du père et du fils, sur le fonds de commerce et les acquisitions réalisées à l'aide des bénéfices. A défaut de paiement, le père est chargé de distribuer ces valeurs, et il vient en concours avec les créanciers pour les créances qu'il peut avoir sur son fils. Ceux qui se prétendent lésés par cette distribution, ou dont le droit est contesté, ou qui prétendent qu'il y a eu dol de la part du père, agissent contre lui par l'action *tributoria*.

*Action de peculio.* — Le père a confié la gestion de certains biens à un fils de famille, il lui a donné un pécule. Le fils acquiert par cela seul le pouvoir d'obliger le pécule, mais comme il n'en est pas propriétaire, c'est contre le père qu'on intente l'action de *peculio*. Par cette action, le père est condamné jusqu'à concurrence de l'actif du pécule au jour du jugement. On présume en effet qu'en laissant son fils gérer certains biens, le père lui a donné l'autorisation de les obliger.

*Action de in rem verso.* — Cette action est donnée soit accessoirement dans l'action *de peculio*, soit d'une manière distincte. Elle suppose un enrichissement du père, et, pour déterminer s'il y a enrichissement, il faudra se demander, si, en supposant que le fils devenu *sui juris* eût agi comme mandataire ou gérant d'affaires il aurait l'action *mandati* ou *negotiorum gestorum contraria* (L. 3, §§ 2, 7, 8 et 9 L. 19, pr. D. XV, 3). Si l'*in rem versum* est contenu dans l'action *de peculio*, il s'ajoutera au contenu du pécule. S'il n'y a pas de pécule, ou qu'il soit épuisé, l'*in rem versum* sera la mesure de la condamnation.

Le dernier paragraphe du livre IV, titre VII des Institutes semble renverser entièrement la théorie précédente, et rendre inutiles les actions que nous venons de citer. Nous y voyons que le créancier peut exercer une *condictio* contre le père, comme s'il eût traité directement avec lui. Et cette doctrine se retrouve dans le Digeste (L. 29, XII, 1, et L. 17, § 5 XIV, 1). On n'est pas bien d'accord sur l'interprétation à donner à ces textes. Voici, à notre sens, quelle devait être la théorie Romaine : 1° Toutes les fois qu'une personne s'était enrichie aux dépens d'autrui, la jurisprudence accordait contre elle une *condictio* dans la mesure de l'enrichissement, dans ce cas, pas de difficulté (L. 32 et 33, D. XII, 1); 2° la jurisprudence arriva également à admettre que, quand une opération d'où résultait une *condictio* avait été faite par l'ordre de quelqu'un, la *condictio* se donnait directement contre la personne qui avait donné l'ordre (L. q, § 2, et 29, D. XII, 1) ; 3° mais si le fils a fait une vente, ou louage etc., on ne peut poursuivre contre le père l'exécution de l'obligation que par les actions *quod jussu, de peculio* etc. Comment en effet la *condictio* pourrait-elle faire obtenir les effets bilatéraux et de bonne foi contenus dans ces contrats?

*Délits.* — Pour les contrats, c'est le préteur qui fit brèche à la règle que le père ne répondait pas des actes de son fils. Pour les délits, le droit civil trouva en lui-même son correctif dans cette ancienne règle que les dommages causés par notre chose, sans notre propre fait, nous obligent jusqu'à concurrence de cette chose, mais non au-delà. Par extension de ce principe, il fut décidé que le père devrait livrer son fils à la victime du délit, ou subir les conséquences de ce délit, comme s'il l'eût commis lui-même.

Il fallait, pour que le père pût se libérer par l'abandon noxal, non-seulement qu'il n'eût pas coopéré au délit, mais que de plus, le connaissant, il eût pris pour l'empêcher toutes les précautions d'un bon père de famille (l. 2, pr. et § 1, Dig., IX, 4, et l. 45 pr. IX, 2). Si le père a donné son *jussum*, il est tenu lui-même de l'action du délit, mais le fils l'est-il encore? La loi 57 *de reg. iuris* paraît bien indiquer que tout dépend de la gravité de l'acte délictueux. En cas de crime « atrox », il y aura deux coupables, le père et le fils, mais la personne lésée n'a que le choix entre les deux actions, elle ne les cumule pas (l. 4, § 1 et loi 7, § 1, D. IX, 4).

L'abandon noxal pouvait être fait soit *in jure*, soit *in judicio*, soit même *post condemnationem*. Il se faisait au moyen d'une mancipation, et le fils passait sous le *mancipium* du poursuivant ; mais, dès que les acquisitions faites par le fils de famille avaient réparé les conséquences du délit, il pouvait s'adresser au préteur pour obtenir sa *manumissio*.

Nous savons que Justinien a supprimé l'abandon noxal. Dès lors, la personne lésée par un délit du fils de famille, n'eut d'autre ressource que les voies d'exécution sur la personne du fils, et encore ce dernier, d'après une innovation du même prince, pouvait-il s'y soustraire en faisant la *bonorum cessio*.

### § 3. — *Du sénatus-consulte Macédonien.*

Les règles que nous venons d'exposer sur la capacité du fils de famille de contracter des obligations reçurent une dérogation fort remarquable. Un sénatus-consulte rendu sous Vespasien refusa toute action aux créanciers, pour les prêts d'argent faits aux fils de famille. On l'a appelé sénatus-consulte Macédonien du nom de Macedo, qui était celui d'un fils de famille que ses dettes avaient poussé au parricide ; c'est du moins la version de

Théophile, le texte du Digeste semble plutôt indiquer que Macedo était un usurier.

*Étendue de la prohibition.* — Le fils de famille ne devient pas incapable d'emprunter, encore moins de s'obliger. Le prêt d'argent seul est prohibé, mais il l'est aussi bien quand il se fait par stipulation ou contrat *litteris*, que lorsqu'il a lieu au moyen d'un *mutuum* L. 3, §§ 4, et L. 4, à 6, D. XIV, 6). Tout acte qui dissimule un prêt d'argent, vente, fidéjussion etc., est atteint par la prohibition (L. 8, §§ 3, L. 7, pr. *eod.* tit.).

Notons que le sénatus-consulte Macédonien ne se proposait pas de réprimer l'usure, son but était de prévenir le parricide; aussi s'appliquait-il même au prêt sans intérêt.

*Sanction de la prohibition.* — Les termes mêmes du sénatus-consulte nous ont été conservés par Ulpien (L. 1 pr. *eod. tit.*). Il avait pour effet de faire refuser toute action au prêteur. D'autres textes (L. 7, § 4, 7, 8) disent que le magistrat insérera dans la formule une exception. Y a-t-il antinomie? Nullement; nous verrons en effet que, dans certaines circonstances, le sénatus-consulte ne s'applique pas. S'il est certain qu'on ne se trouve dans aucun de ces cas, l'action sera refusée; s'il y a doute, le magistrat accordera l'action, mais en insérant l'exception dans la formule.

L'exception du sénatus-consulte Macédonien peut être invoquée : 1° par le fils de famille, même après qu'il est devenu *sui juris*; 2° par son père, dans les cas où on aurait pu agir contre lui par l'action *de peculio* ; 3° par le fidéjusseur à moins qu'il ne soit intervenu *animo donandi* (L. 7, § 10, L. 9, § 3).

Si ces trois sortes de personnes peuvent également repousser les poursuites des créanciers, leur position cependant est loin d'être la même. Le père, en effet, n'est tenu ni civilement, ni naturellement, et, à quelque époque qu'il fasse un paiement, il aura la *condictio indebiti*. Au contraire le fils de famille et le fidéjusseur sont tenus d'une obligation naturelle (L. 10).

Parlons d'abord de l'obligation naturelle du fils. Sans aucun doute, elle valide un paiement fait par l'emprunteur devenu *pater familias* (L. 40, D. XII, 6). Si le fils de famille paie, tandis qu'il est encore en puissance, avec les deniers de son père, celui-ci pourra revendiquer (l. 14, D. XII, 1); mais il se peut que les deniers aient été consommés, dans ce cas le père aura-t-il une *condictio*? Ulpien rapporte à ce sujet deux décisions, l'une de Julien (L. 9, 1) l'autre de Marcellus (L. 14, D. XII, 1) qui la première accorde, la seconde refuse la *condictio*. On a essayé en vain de concilier ces deux textes. On a dit notamment que Julien suppose les deniers consommés de mauvaise foi, et Marcellus de bonne foi ; nous ne pouvons admettre cette explication. Les deux opinions sont formulées en termes généraux ; Julien dit que la *condictio* est possible *ex omni eventu* ; en outre au cas de mauvaise foi, ce n'est pas la *condictio*, mais la revendication et l'action *ad exhibendum* qu'intenterait le père. Nous croyons qu'il y avait divergence d'opinion entre les deux jurisconsultes, mais la décision de Julien nous paraît la plus raisonnable.

L'obligation naturelle du fils de famille peut être convertie en une obligation civile par sa ratification, mais il est clair que la ratification doit émaner du fils devenu *sui juris*, sous peine de rendre le sénatus-consulte absolument inefficace.

Ainsi l'obligation naturelle du fils de famille ne produit à peu près aucun effet tant qu'il est en puissance. Celle du fidéjusseur, au contraire, produit des conséquences immédiates (L. 9, § 4). Le fidéjusseur qui a payé sans invoquer le sénatus-consulte, ne peut répéter ; mais conserve-t-il son recours contre le fils? Il ne le conserve qu'autant qu'il n'a pas sciemment négligé d'invoquer l'exception, qu'il a été de bonne foi jusqu'au moment du paiement (L. 29, pr. XVII-1).

Le fils qui se serait laissé condamner sans opposer l'exception, peut encore en user pour repousser l'action judicati (L. 11).

*Cas où le sénatus-consulte ne s'applique pas.* — En dehors du cas où le fils a un pécule *castrense* ou quasi *castrense* sur lequel son obligation pourra s'exécuter, il est diverses hypothèses dans lesquelles le fils ni le père ne peuvent invoquer l'exception du sénatus-consulte : 1° le prêteur est de bonne foi, il croyait le fils *sui juris*, et cette bonne foi est excusable, parce que le fils passait aux yeux de tous pour un *paterfamilias* (L. 3, pr.) ; 2° le fils a employé l'argent à se libérer d'une action à laquelle nulle exception ne pouvait le soustraire. Dans ces deux cas, le père est tenu jusqu'à concurrence du pécule ; 3° il est tenu au contraire *in solidum* s'il a autorisé le prêt ou l'a ratifié après coup (L. 7, § 11 et 15) ; 4° enfin si l'emprunt a profité au père il est tenu jusqu'à concurrence de son enrichissement (L. 7, §§ 12).

## § 4. — Capacité de la filiafamilias.

Ulpien (l. 9 §§ 2 D. XIV. 6) dit que le sénatus-consulte Macédonien s'applique à la fille de famille « *Hoc senatus-consultum ad filias quoque familiarum pertinet.* » Ce texte prouve qu'à l'époque d'Ulpien la fille de famille était capable de s'obliger, sans cela, à quoi bon lui accorder l'exception du sénatus-consulte Macédonien ? Sur ce point, on est à peu près d'accord ; mais une question très discutée est celle de savoir si, à l'époque où les femmes *sui juris* étaient en tutelle perpétuelle, les filles de famille étaient incapables de s'obliger. Tandis que Cujas (Observ. VII-II) conclut à l'affirmative, Savigny (T. 2 app. V) prétend qu'il n'y a aucune différence, même dans l'ancien droit, entre la fille et le fils de famille. Nous n'hésitons pas à nous ranger à l'opinion de Cujas.

N'est-il pas naturel en effet de supposer que, là où la femme *sui juris* est incapable d'agir sans l'*auctoritas tutoris*, la *filia familias* n'a pas une pleine capacité ? Il est vrai que l'*auctoritas patris* n'existant pas, on en arrive à rendre impossibles pour la fille en puissance les actes qui exigent l'*auctoritas tutoris*. Mais quoi d'étonnant dans ce résultat puisqu'elle n'a pas de patrimoine ?

Quel est, au reste, le fondement de la tutelle perpétuelle des femmes ? Gaïus (I, § 190) nous apprend que le motif habituellement donné était la *levitas animi* des femmes, mais, suivant ce jurisconsulte, le vrai but aurait été d'assurer intacte la succession aux agnats. Les deux motifs s'appliquent avec la même force à la *filiafamilias* ; elle n'a pas, par le fait qu'elle est en puissance, moins d'inexpérience, et elle n'en pourrait pas moins par ses actes grever le patrimoine futur, au préjudice des agnats.

Les textes confirment cette manière de voir. C'est d'abord un texte de Paul (*Vat. Fragm.* § 99) qui déclare que la *filiafamilias* ne peut s'obliger par la *dotis dictio*. Or Ulpien (Reg. lit. VI, § 2) dit que la femme *sui juris* s'obligeait en cette forme avec l'*auctoritas tutoris*. Ces deux solutions ne sont que l'application d'une règle plus générale que Gaïus formule à propos de l'impubère (L. 141, § 2, D. XLV-1). « *Pupillus, licet ex quo fari cœperit, recte stipulari potest, tamen si in parentis potestate est, ne auctore quidem patre obligatur.* » Les actes que l'impubère *sui juris* ne peut faire sans l'*auctoritas tutoris*, l'impubère en puissance ne peut aucunement les faire, même avec l'*auctoritas patris*. Ce même texte de Gaïus ajoute : *Quod autem in pupillo dicimus, idem et in filiafamilias impubere dicendum est.* » On a voulu argumenter par *a contrario* de ce membre de phrase que la fille de famille pubère pouvait s'obliger, mais comme le dit très bien M. Pellat : « Il est très vraisemblable que Gaïus avait écrit *pubere*, car, s'il avait eu en vue, comme le lui fait dire Tribonien, la fille de famille impubère, il n'avait pas besoin pour l'assimiler au pupille d'une phrase séparée, il lui suffisait de dire en commençant à la manière ordinaire : *pupillus pupillave*. On conçoit très bien une phrase séparée pour comparer une fille de famille pubère à un pupille, on ne la conçoit pas pour comparer une impubère à un impubère. »

Mais le texte le plus probant est la loi 3 § 4 (D. XIII 6) « *si filio familias servove commodatum sit, duntaxat de peculio agendum erit : cum filio familias ipso et directo quis poterit. Sed et si ancillæ vel filiæfamilias commodaverit, dumtaxat de peculio erit agendum.* » Peut-on exprimer plus clairement l'incapacité de s'obliger de la fille de famille ? Le fils fait un *commodat* : une double action prend naissance : 1° action *de peculio* contre le père ; 2° action directe contre le fils. La fille fait un *commodat* ; l'action *de peculio* contre le père peut seule être intentée.

Nous concluons donc que la femme *alieni juris* était incapable de s'obliger, mais que, le jour où la tutelle des femmes tomba en désuétude, l'incapacité de la fille de famille disparut aussi, et c'est ce qui explique que nous n'ayons qu'un petit nombre de textes relatifs à cette incapacité.

# CHAPITRE II

1° *Contrats.* — L'unité de patrimoine qui existait entre le fils de famille et son père, produisait cet effet important que les relations de créancier à débiteur ne pouvaient se former entr'eux. Les Institutes rangent au nombre des stipulations inutiles celles qui interviennent soit entre le chef et la personne placée sous sa puissance, soit entre deux personnes soumises au même *paterfamilias.* Il n'y avait pas entr'eux d'action possible et Paul (L. 16, D. XLII, 2) nous en donne le motif « *quod non magis cum his, quos in potestate habemus, quam nobiscum ipsi agere possumus.* »

Cependant cette unité de personne et de patrimoine entre le père et le fils de famille n'allait pas jusqu'à empêcher la formation d'une obligation naturelle. Cette obligation, au cas où il existait un pécule, rendait le père créancier ou débiteur du pécule ; mais en dehors du pécule, quels effets produisait-elle ? Tant que dure la puissance, l'obligation du fils de famille envers le père peut être garantie par une fidéjussion (L. 56, § 1, D. XLVI, 1), tandis que celle du père envers le fils ne pourrait recevoir la même garantie.

La raison en est que les obligations du fils ne rendent pas le père débiteur ; il est donc seulement créancier du fils et du fidéjusseur. Mais, dans le cas inverse, le père débiteur principal serait en même temps créancier du fidéjusseur, puisque les créances de son fils lui sont acquises ; or, « *nemo potest pro eodem et eidem esse obligatus*. 2° Après la dissolution de la puissance paternelle, l'obligation naturelle fait obstacle à la *condictio indebiti*, mais il y a doute pour savoir si elle peut servir de base à une compensation.

2° *Délits*. — Si nous supposons un délit commis par le père contre son fils ou réciproquement, il n'y aura pas non plus d'obligation civile. On peut même douter que dans ce cas on ait reconnu une obligation naturelle.

3° *Successions*. — D'après le droit civil, le fils n'ayant pas de patrimoine, il n'y a pas lieu de se demander ce que deviennent ses biens à sa mort. En parlant des divers pécules nous indiquerons les droits du père à la mort de son fils. Occupons-nous des droits du fils. Le fils est l'*heres suus* de son père, et ces mots, faisant allusion à l'unité du patrimoine, semblent indiquer que le fils ne fait que recueillir ce qui lui appartient déjà. Aussi n'a-t-il pas à faire adition.

Il faut se garder toutefois d'exagérer ce principe que le fils est copropriétaire de son père. Celui-ci eut en effet d'abord le droit absolu de dépouiller complètement les enfants placés en sa puissance, en les omettant dans son testament. La coutume réagit d'abord faiblement contre cette injustice en exigeant une exhérédation, formalité facile à remplir, et qui ne garantissait nullement au fils de famille une portion des biens. Enfin on fit un pas de plus, et on assura à l'enfant sur la succession de son père le quart au moins de sa part héréditaire *ab intestat*, à moins que le père n'ait eu une juste cause de l'exhéréder ou de l'omettre. En l'absence de cette juste cause, on n'accordait au fils que la *querela inofficiosi testamenti*.

# TITRE DEUXIÈME

## DU DÉVELOPPEMENT DES DIVERS PÉCULES

Ce titre comprendra quatre sections : 1° du pécule profectice ; 3° du pécule castrens ; 3° du pécule quasi-castrens ; 4° du pécule adventice.

## SECTION PREMIÈRE

### Du pécule profectice.

Le pécule profectice consiste dans certains biens dont le père confie l'administration au fils, mais dont il garde la propriété. Cet usage remonte à une époque très ancienne, et on comprendra qu'il dût être très employé si l'on tient compte de cette double idée : qu'il permettait au père de se décharger, au moins en partie, de la gestion d'un patrimoine souvent considérable, et qu'il préparait le fils au rôle de *paterfamilias* qu'il devait plus tard jouer. Le père, avons-nous dit, reste propriétaire de ce pécule, mais il a donné au fils comme un mandat général de faire tous les actes le concernant. Cette procuration peut être plus ou moins étendue suivant les cas, mais elle contient toujours au moins la capacité d'obliger le pécule, laquelle subsiste nonobstant toute défense même publique (l. 29, § 1, et l. 47, pr. XV, 1), mais ne s'étend pas au prêt d'argent prohibé par le sénatus-consulte Macédonien. Il n'en est pas de même de la capacité d'aliéner : elle doit être accordée spécialement, mais elle résulterait suffisamment cependant de la *libera peculii administratio* (l. 7, § 1, D. XV, 1).

Quel que large que soit le pouvoir d'administration accordé au fils de famille, il ne peut cependant faire ni testament, ni donation à cause de mort ; mais, tandis que pour le testament, l'interdiction est absolue (Inst. pr. II, 12), elle peut être levée en ce qui concerne la donation à cause de mort par une permission spéciale et expresse du père (L. 25. D. XXXIX, 6).

Lorsque l'administration du pécule donnait lieu à quelque litige, le fils pouvait faire un compromis, déférer ou prêter le serment extra-judiciaire, mais il ne pouvait ester en justice, n'ayant aucun droit qui lui fût propre.

Nous avons déjà dit que par suite de l'existence du pécule, les tiers avaient une action directe contre le père jusqu'à concurrence des valeurs qu'il contenait.

Le pécule était essentiellement précaire et révocable. Le père pouvait à tout moment le retirer, et il cessait avec tous les modes de dissolution de la puissance paternelle. Dans deux cas cependant, le fils devenu *sui juris* conservait la libéralité : 1° Lorsque le père émancipait le fils sans lui retirer expressément le pécule (Vat. fragm., §§ 255 et

260) ; 2° Lorsque le père confirmait la libéralité par une disposition testamentaire (Vat. fragm., § 294). Citons encore la vente forcée et la confiscation des biens du père comme donnant au fils la propriété du pécule.

SECTION II

*Du pécule castrense.*

L'institution du pécule *castrense* paraît remonter à Auguste. Ce prince qui distribua si souvent aux soldats les terres confisquées, voulut sans doute que ceux-là mêmes qu'il gratifiait recueillissent ses libéralités. Son but n'eût pas été atteint, si les *filiifamilias*, incapables d'acquérir, eussent servi seulement d'instruments d'acquisition pour leur père ; il les déclara propriétaires.

Nous allons étudier : 1° Les biens qui composent le pécule *castrense* ; 2° les droits du fils ; 3° les droits du père. 4° Les modifications de Justinien.

§ 1. — *Composition du pécule castrense.*

Paul (Sent. III, 4, § 3) définit le pécule *castrense* de la façon suivante : « *Castrense peculium, est quod in castris acquiritur, vel quod proficiscenti ad militiam datur.* » Le pécule *castrense* comprend donc la solde, les récom-

penses donnés au fils de famille militaire à la suite d'une
action d'éclat, la part lui revenant dans les distributions
d'argent et de terres que le général victorieux faisait à ses
troupes (L. 1, C. XII, 37), sa part dans le butin pris sur
l'ennemi. Tout cela est acquis « *in castris* » suivant l'expression de Paul ; mais il ajoute que le pécule comprend
encore « *quod proficiscenti ad militiam datur.* » Il faut
étendre cette formule et la remplacer par celle-ci : tout ce
que le fils acquiert *propter militiam*. Les textes nous four-
nissent de nombreuses applications de cette règle, et nous
voyons figurer dans le pécule *castrense* :

1° Les biens donnés au fils de famille *propter militiam*
par ses père et mère et autres parents ; cependant les
textes font ici une distinction. Si le fils de famille, à son
départ pour l'armée, ou pendant son service, a reçu de ses
parents des objets mobiliers, dont il puisse faire usage
dans les camps, ils feront sans difficulté partie du pécule.
Si au contraire, il a reçu des meubles qui lui sont inutiles,
et surtout des immeubles, on présumera que le père a
voulu constituer un pécule profectice. Mais cette présomp-
tion tomberait devant une volonté contraire (L. 46, III,
36) ; 2° Toute donation entre-vifs ou testamentaire faite au
fils de famille par une personne qui n'était connue du
donataire qu'à l'occasion du service militaire. Ainsi, le fils
de famille, institué héritier par son *commilito* fait adition
sans l'ordre de son père, et acquiert en son nom personnel
l'hérédité (L. 5, D. XLIX, 17). Un rescrit d'Adrien donne
la même décision pour la succession testamentaire de la

femme du soldat fils de famille, lorsqu'elle lui a été déférée pendant qu'il était au service militaire.

Telle est la composition du pécule *castrense*, mais ce pécule peut produire des fruits, les esclaves qu'il renferme peuvent recueillir des donations, des successions, des legs, certains biens peuvent être acquis au moyen ou en échange de valeurs comprises dans le pécule, il y aura là autant de causes d'enrichissement pour le pécule qui, par une sorte de subrogation légale, profitera de toutes ces acquisitions : (L. 18, pr. et 19, § 1, D. XLIX, 17, et L. 16, XII, 37).

### § 2. — *Droits du fils de famille.*

Le fils de famille est considéré à l'égard du pécule *castrense*, comme un *paterfamilias* : « *De castrensi peculio filiifamilias vice patrumfamiliarum funguntur* » (L. 2, XIV, 6). Le pécule constitue pour lui comme un patrimoine propre et distinct de celui du père. Désormais, les rapports de créancier à débiteur peuvent se former entre le père et le fils, et une action en justice devient possible. Cependant, pour rendre hommage à l'autorité paternelle, le fils de famille doit, afin de poursuivre son père, obtenir l'autorisation du préteur qui ne l'accorde que *cognita causa* (L. 8, Dig. II, 4).

Le fils de famille administre son pécule et en dispose librement. Il a le droit d'affranchir des esclaves et acquiert sur eux les droits de patronage. Il peut poursuivre les tiers même contre le gré du père (L. 4, § 1, D. XLIX, 17), et, s'il est poursuivi par eux, les jugements obtenus contre lui recevront exécution immédiate sur son pécule *castrense* (L. 6 et 18, Dig. XLII, 1). Le sénatus-consulte Macédonien même n'empêche pas le préteur d'obtenir son remboursement jusqu'à concurrence du pécule *castrense* (L. 1, § 3 et L. 2, D. XIV, 6).

Le père ne peut priver le fils du pécule par aucun moyen, même en l'émancipant et le donnant en adoption.

Le fils de famille ne pouvait tester même avec la permission du père ; Auguste permit au fils de famille en activité de service de tester *de peculio castrensi*, et Adrien étendit la même faveur aux vétérans, pourvu que la cause de leur congé fût honorable (Inst. pr. 12, 12). Mais, nous aurons à montrer qu'au moins jusqu'à Justinien, le pécule *castrense* ne put faire l'objet d'une succession *ab intestat*.

§ 3. — *Droits du père sur le pécule* castrense.

1° *Du vivant du fils.* — Le fils étant propriétaire du pécule, le père ne peut l'en priver par aucun moyen, ni rien faire qui puisse préjudicier à ses droits. Mais ce serait une grave erreur que d'assimiler la position du père relativement au pécule *castrense* à celle d'un étranger. Si le fils ne fait pas de testament, les biens retournent au père qui les acquiert non en vertu d'un droit de succession, mais en vertu d'un droit antérieur : cette éventualité est la source des droits du père. Propriétaire éventuel du pécule, il pourra prendre telle mesure qui conviendra, pourvu qu'elle ne nuise pas au fils. Il pourra rendre meilleure la condition du pécule, mais non la rendre pire, et sous ce rapport on compare sa position à celle d'un interdit (L. 18, § 2, D. XLIX, 17). Il peut donc augmenter le pécule, non le diminuer. Ainsi acquiert-il des servitudes actives, ou libère-t-il des biens du pécule de servitudes passives, l'acte est valable (L. 18, § 3, eod. tit.). Mais, s'il fait un paiement avec les deniers du pécule, ce paiement est nul (L. 98, § 3, D. XLVI, 3); s'il soustrait un objet du pécule, il commet un vol (L. 52, § 6, D. XLVII, 2); s'il affranchit un esclave, l'affranchissement n'a aucune valeur (L. 19, § 4, D. XLIX, 17).

Quand nous disons que le père ne peut rendre pire la condition du pécule, nous n'avons en vue que les actes qui produisent un résultat immédiat; quant à ceux dont les conséquences sont éloignées, leur validité s'apprécie d'après la règle suivante. Le fils, auquel l'acte du père préjudicie, est-il encore vivant au moment où l'effet s'en réalise, l'acte sera nul; est-il mort antérieurement, sans faire de testament l'acte sera valable (L. 18, § 1, D. XLIX, 17). En conséquence, si le fils possède par indivis un bien avec un tiers, le père ne peut pas intenter l'action en partage, le partage étant une véritable aliénation (L. 18, § 2, eod. tit.) mais, il pourra affranchir l'esclave du pécule par testament, et l'affranchissement sera valable si le fils prédécède *intestat*. (L. 19, § 3 et 4, *eod. tit.*).

2° *Après la mort du fils*. — Il faut distinguer quatre hypothèses :

1° Le fils n'a pas fait de testament ;

2° Il a fait un testament et l'héritier institué a fait adition ;

3° Il a fait un testament et l'héritier a répudié ;

4° Il a institué son père héritier.

*Première hypothèse*. — Le fils mourant *intestat*, le père acquiert les biens comme s'il s'agissait d'un pécule ordinaire. Ils sont censés lui avoir toujours appartenu, et tous les actes qu'il a pu faire les concernant sont validés rétroactivement.

*Deuxième hypothèse*. — En présence d'un institué qui fait adition le père perd toute espèce de droit, le pécule forme une véritable hérédité. Les acquisitions faites entre le décès et l'adition d'hérédité par l'esclave du pécule profitent à l'institué en vertu de la règle : *hereditas personam sustinet* (L. 34, D. XLI, 1).

*Troisième hypothèse*. — L'héritier institué répudie, le père recueille *jure peculii* comme s'il n'y avait pas de testament. Il n'a pas à faire adition, et il n'est tenu des dettes qu'*intra vires peculii*. Mais le droit du père rétroagira-t-il ou ne prendra-t-il naissance qu'au jour de la répudiation ? Ulpien se prononce pour la rétroactivité, et valide le legs fait par le père, du vivant du fils, de n'importe quel objet du pécule (L. 9, D. XLIX, 17). De

même il décide que les acquisitions faites par l'esclave,
entre le décès du fils et la répudiation, profitent au père,
et que les créances lui appartiennent. Cette opinion est
partagée par Scœvola et Marcellus (L. 33, D. XLI, 1).
Elle s'appuie sur ce que le père étant censé avoir toujours
été propriétaire du pécule, l'esclave a emprunté au père
sa personnalité.

Papinien (L. 14, §§ 1, D. XLIX, 17), se prononce en
un sens tout différent. Supposant une stipulation faite
par l'esclave avant la répudiation et après le décès, il la
déclare nulle parce que, dit-il, « *in illo tempore non fuerit
servus patris* » et qu'on ne peut appliquer la maxime
*hereditas personam sustinet*, le père ne recueillant pas à
titre d'héritier. Après avoir ainsi développé sa doctrine,
le jurisconsulte ajoute à la fin du § 1 : « *sed paterna
verecundia nos movet, quatenus in illâ specie ubi jure
pristino apud patrem peculium remanet, etiam adquisitio
stipulationis vel rei traditœ per servum fiat.* » Ainsi
Papinien déclarerait la stipulation nulle, mais la validerait
par respect pour la puissance paternelle. La plupart des
commentateurs ont vu dans ces lignes une interpolation.
Cujas croit que c'est une note critique ajoutée par Ulpien
pour faire triompher sa doctrine. M. Pellat, s'appuyant
sur le style de ce passage qui est d'une latinité douteuse,
attribue l'interpolation à Tribonien. Quoi qu'il en soit,
il est bien probable que la doctrine d'Ulpien avait fini par
triompher.

*Quatrième hypothèse.* — Si le père institué par son fils

accepte, il devient un héritier ordinaire ; il est tenu des dettes *ultra vires* et doit exécuter les legs mis à sa charge. Il exerce contre les détenteurs de biens du pécule la pétition d'hérédité et non la revendication.

Si le père répudie, le testament est *destitutum* et il prend les biens à titre de pécule. Dès lors, on comprend sans peine que, lorsque le fils aura imposé des legs à son père, celui-ci pourra s'en affranchir en répudiant, et recueillant *jure peculii*. Pour empêcher ce calcul trop facile, il fut décidé que, lorsque le père n'aurait répudié que pour éviter le paiement des legs, les légataires conserveraient leur action comme s'il avait fait adition.

## § 4. — *Modifications de Justinien.*

Avant Justinien, le pécule *castrense* ne pouvait faire l'objet d'une succession *ab intestat*, à défaut de testament, le père recueillait *jure peculii*. Cet état de chose fut modifié par les Institutes dans les termes suivants : « *Si vero intestati decesserint, nullis liberis nec fratibus superstitibus, ad parentes eorum peculium jure communi pertinebit.* » (Inst. pr. II, 12).

Le père ne recueille donc plus qu'à défaut de descendants et de frères et sœurs, et alors il recueille *jure communi*. Que signifient ces mots ? Si l'on en croit la paraphrase de Théophile, *jure communi* c'est *jure peculii*. Beaucoup d'interprètes n'acceptent pas cette explication, et deux motifs nous la font également repousser : 1° Il serait bien bizarre que les biens déférés aux descendants et aux frères et sœurs *jure hereditatis*, ne le fussent plus à ce titre quand c'est le père qui recueille ; 2° si l'on se demande quel était le droit commun à l'époque de Justinien, on remarque que les biens acquis par le fils rentrent ordinairement dans le pécule *adventice*, qui donne lieu à une véritable succession *ab intestat*, dont l'ordre de dévolution est le même que celui indiqué par les Institutes pour le pécule *castrense*. Le droit commun est donc l'acquisition *jure hereditatis*, c'est donc à titre d'héritier que le père recueille le pécule *castrense*.

Au reste la Novelle 118 ne faisant pas d'exception pour les *bona castrensia*, il n'est pas douteux que le système de succession qu'elle établit dut s'y appliquer.

## SECTION III

### *Du pécule quasi-castrense.*

La faveur accordée aux militaires par les premiers empereurs fut successivement étendue à la plupart des fonctionnaires de l'ordre civil. Ils eurent aussi un pécule qu'on appela pécule *quasi-castrense*, parce qu'il était créé à l'imitation du pécule *castrense*.

Constantin, vers l'an 320 de Rome, disposa que les employés de son palais jouiraient, comme de biens *castren-*

*ses*, de tout ce qui serait acquis par eux dans l'exercice de leurs fonctions, par leur économie ou par la libéralité du prince (L. un. C. XII, 31).

Théodose et Valentinien accordèrent le même bénéfice aux *scribarii excerptores*, employés du préfet du prétoire (L. 6, C. *de castrens pec.*), Honorius et Arcadius aux assesseurs et avocats (L. 4, C. II, 7), Léon et Anthénius aux évêques, prêtres et diacres (L. 34, C. I, 3), Anastase aux *dilentiarii* ou huissiers du palais impérial (L. 5, C. *De silentiariis*).

Justinien étendit la même faveur à tous les fonctionnaires rétribués par l'Etat, et comprit dans ce pécule tous les dons faits aux fils de famille par l'impératrice et l'empereur (L. 7, C. VI, 61).

Avant Justinien, une différence importante existait entre le pécule *castrense* et le pécule *quasi-castrense*, c'est que, pour ce dernier, le fils ne pouvait tester que dans des cas exceptionnels. Justinien permit de tester d'une façon générale consommant ainsi l'assimilation des deux pécules.

## Section IV

### Du pécule adventice.

« Le pécule *castrense*, dit M. Accarias, était né des besoins et des inquiétudes du despotisme militaire, le pécule *quasi-castrense* naquit des petitesses de l'esprit de cour.

Tout autre fut le caractère du pécule *adventice*, fondé sur cette considération que le père de famille ne doit pas s'enrichir d'une fortune qui n'est pas son œuvre et qui ne lui a pas été destinée, pécule accessible par conséquent non plus seulement à certaines classes privilégiées de fils de famille, mais à tous, même aux filles de famille. »

Demandons-nous ; 1° quelle est la composition du pécule *adventice* ; 2° quels sont les droits du père ; 3° quels sont les droits du fils ; 4° nous dirons quelques mots d'un pécule particulier qu'on a appelé pécule extraordinaire.

### § I. — *Composition du pécule adventice.*

Constantin, par une constitution de l'an 316 (L. 1, C. VI, 60), créa le pécule *adventice*. D'après sa constitution, il se compose de tous les biens que le fils recueille dans la succession testamentaire ou *ab intestat* de sa mère. En l'an 395 Honorius et Arcadius font rentrer dans le pécule *adventice* tout ce que l'enfant acquiert de la mère ou de tout autre ascendant maternel à un titre gratuit quelconque : *fideicommis*, legs, donation ou succession (L. 2, C. VI, 60). Théodose et Valentinien y ajoutent les dons et legs faits entre conjoints (L. 1, C. VI, 61). Léon et Anthénius les donations entre fiancés (L. 5, D. II, 35).

Justinien renverse l'ancienne règle. Tandis qu'avant lui, tout ce qui, en vertu des constitutions, n'entre pas dans le pécule est acquis au père en pleine propriété, il décide que toute acquisition faite par le fils entre dans le pécule *adventice*, sauf exception expressément écrite dans la loi. Les exceptions sont : 1° les biens qui font partie des pécules *castrense* et quasi *castrense* ; 2° tout ce que le fils acquiert *ex re, ex substantia patris*.

### § 2. — *Droits du père sur le pécule* adventice.

Le père a seulement l'usufruit du pécule *adventice* ; la nue propriété appartient au fils. Mais cet usufruit n'est pas soumis aux règles ordinaires, et le père a des pouvoirs plus larges qu'un simple usufruitier. La jouissance des biens du fils n'est pas en effet un droit qu'on lui accorde, mais une restriction aux droits qu'il avait auparavant. D'où il résulte que le père peut faire tous les actes qui ne lui ont pas été interdits.

Or, nous ne trouvons dans les textes que deux prohibitions : celle d'aliéner et celle d'hypothéquer. Ainsi le père peut intenter les actions relatives au pécule en son nom personnel, ce que l'usufruitier ne pourrait pas faire ; le père toutefois devra avoir le consentement de son fils (l. 8, § 3, VI, 60). La prohibition faite au père d'aliéner ou d'hypothéquer cesse dans plusieurs cas.

1° Le père peut et doit aliéner les meubles et, en cas d'insuffisance, les immeubles pour payer les dettes des successions échues au fils. Faute de le faire, les intérêts restent à sa charge (L. 8, C. VI, 61) ; 2° il peut aliéner et hypothéquer pour procurer à lui et aux siens des aliments en cas d'extrême misère (L. 8, § 4, C. VI 61) ; 3° enfin Justinien lui permet d'aliéner toutes les fois qu'il y aura avantage évident pour le fils, mais alors le prix doit être conservé pour le fils, ou employé à l'amélioration du pécule (L. 1, C. VI, 60). Le père doit administrer le pécule en bon père de famille. C'est lui qui paie les frais des procès qu'il intente (L. 8, § 3, C. VI, 61). Il doit nourrir et entretenir les esclaves du pécule (L. 8, § 5, C. *eod. tit.*). L'usufruit du père cesse à sa mort (L. 1, C. *eod. tit.*). Il cesse aussi par sa renonciation (L. 6, C. *eod. tit.*) et par l'émancipation du fils. Dans ce dernier cas, Constantin permettait au père de conserver le tiers du pécule en pleine propriété. Justinien lui accorda la moitié en usufruit.

### § 3. — *Droits du fils sur le pécule* adventice.

Tant que le père de famille vit, le fils n'a aucun pouvoir sur son pécule *adventice* ; il ne peut ni l'aliéner, ni l'hypothéquer, ni en disposer par testament (L. 8, § 5, C. VI, 61). Mais il peut avoir des héritiers *ab intestat*. Une constitution de Théodose et de Valentinien décide en effet que, si le fils de famille laisse des enfants ou descendants, ils succéderont à la nue-propriété des biens *adventices*, l'usufruit étant toujours réservé à l'aïeul (L. 3 et 4, C. VI, 61).

Une autre constitution de Léon et Anthénius décide, qu'à défaut de descendants, les biens iront aux frères et sœurs, toujours sous la même condition (L. 4 C. eod. tit.).

D'après le droit des Novelles, le père est appelé concurremment avec les frères et sœurs, à défaut de descendants, mais il perd son droit d'usufruit sur les parts de ses cohéritiers (Nov. 128 ch. II).

Le fils n'ayant aucun droit sur le pécule adventice, il n'eût pas été équitable qu'on pût usucaper contre lui. Aussi Constantin décidait-il qu'aucune prescription ne pourrait être opposée à l'enfant (L. 4 C. eod. tit.) ; Léon et Anthénius la firent courir du jour où il serait *suis juris*.

### § 4. — *Du pécule extraordinaire.*

On désigne sous ce nom certains biens, de nature adventice, sur lesquels, par exception, le droit d'usufruit du père n'existait pas et le fils avait la pleine propriété. En voici les principaux cas.

1° Des biens ont été légués au *filiusfamilias* sous la condition expresse que le père n'en aura pas l'usufruit (Nov. 117. I).

2° Le père refuse de faire adition d'une hérédité dévolue au fils. Dans ce cas, le fils fait adition pour son propre compte ; s'il est mineur, il lui faudra l'autorisation du juge (L. 8 pr. et § 1. C. VI. 61).

3° Le père répudie sa femme sans cause légitime (Nov. 134 ch. II).

4° Le père renonce à son droit d'usufruit (L. 6 § 2 C. eod. tit.).

5° Le père se remarie après la majorité de l'enfant.

Dans ces divers cas, le fils a la pleine propriété de ses biens, c'est lui qui les administre ; mais il paraît bien certain qu'il ne peut les transmettre par testament, et c'est une question même de savoir s'il peut en disposer entre-vifs.

Ils sont du reste soumis aux mêmes règles que le pécule adventice ordinaire pour la succession légitime.

# DROIT FRANÇAIS

---

DU

# RÉGIME LÉGAL DES COURS D'EAU

### NON NAVIGABLES NI FLOTTABLES

### AU POINT DE VUE DE L'AGRICULTURE ET DE L'INDUSTRIE

---

## INTRODUCTION

Il est peu de matières qui soulèvent des difficultés aussi nombreuses et aussi graves que la détermination des droits des riverains sur les rivières non navigables ni flottables. Une certaine rivalité semble inévitable entre les propriétaires des divers fonds contigus à un même cours d'eau, et il est constant que la justice intervient bien souvent pour régler les droits des parties qui ne peuvent se mettre d'accord.

Ces contestations nombreuses, incessantes, sont un

Carcassonne                                        5

signe manifeste de la grande utilité des eaux, de l'importance qu'on attache à pouvoir en user. Souvent aussi, elles ont pour cause les inconvénients qui naissent du voisinage de l'eau, quand ces inconvénients résultent pour les uns de l'usage même qui est fait par les autres. C'est ainsi par exemple, que tout barrage peut, en produisant une surélévation dans le niveau de l'eau, amener des infiltrations ou même des inondations qui seront très préjudiciables aux propriétés voisines.

Sans insister davantage sur ces considérations, nous pouvons constater, que la nature même des choses amènera nécessairement des conflits fréquents entre les riverains, et c'est ce qui explique que le mot *rival* ait son étymologie dans le mot latin *rivus* ruisseau.

Mais là n'est pas la seule source de la multiplicité des procès en matière de cours d'eau non navigables ni flottables. A côté de ces causes naturelles, il y a des causes juridiques, si je puis ainsi parler, je veux dire; se rattachant à la législation même.

Et en effet le législateur du Code civil a laissé incertaine la question de la condition légale de ces cours d'eau. Sont-ils susceptibles de propriété, ou leur nature s'oppose-t-elle à toute espèce d'appropriation? S'ils peuvent être l'objet d'un domaine, ce domaine a-t-il été attribué aux particuliers ou à l'État? Peut-on distinguer entre le lit et l'eau courante, ou faut-il dire qu'il y a là deux éléments inséparables qui doivent être soumis aux mêmes droits?

Sur ces divers points, il est difficile de savoir quelle a

été l'idée du législateur, et dans la doctrine les systèmes les plus divergents se sont produits. Les uns déclarent l'État propriétaire, comme ayant succédé aux droits des seigneurs justiciers ; ce système ne tient aucun compte de l'article 538 du Code civil. D'autres donnent aux riverains la propriété du lit, l'eau restant chose commune ; c'est méconnaître l'article 552, que Proudhon rappelle d'une façon pittoresque en disant : « Un cours d'eau n'est pas une chose en l'air. » Ces deux premiers systèmes ont été de bonne heure abandonnés, mais la lutte n'a été que plus vive entre les partisans des deux opinions dont il nous reste à parler.

Des auteurs considérables ont soutenu énergiquement que la propriété des petites rivières appartenait aux riverains, soit qu'elle leur eût appartenu avant 1789 et ne leur eût pas été enlevée, soit que l'État, qui s'est trouvé nanti de ce domaine à la chute de la féodalité, s'en fût dépouillé en leur faveur. Ce système a été celui de la jurisprudence jusqu'en 1846. Mais, depuis cette époque, un courant s'est formé en faveur d'une quatrième opinion qui a pour elle aujourd'hui une jurisprudence constante et la grande majorité des auteurs, et que l'on peut considérer comme définitivement consacrée : à savoir que « les rivières non navigables sont au nombre des choses dont parle l'article 714 du Code civil qui n'appartiennent à personne et dont l'usage est commun à tous. »

Nous n'avons pas l'intention d'entrer dans la discussion de cette controverse, l'étude de ces systèmes n'offrirait du reste qu'un intérêt rétrospectif, la jurisprudence étant fixée d'une façon qui paraît irrévocable. Nous dirons seulement, que l'opinion aujourd'hui dominante nous paraît être à la fois celle qui s'adapte le plus facilement aux divers textes sur la matière, et qui concilie le mieux les divers intérêts en présence.

Cependant nous devons constater avec MM. Aubry et Rau « que les cours d'eau dont il s'agit ne peuvent être rangés ni dans la classe des *res communes*, puisqu'ils sont affectés au profit des riverains à certains droits d'usage dont ceux-ci jouissent à l'exclusion de tous autres, ni dans celle des *res nullius* proprement dites puisqu'ils ne sont pas susceptibles d'être acquis par voie d'occupation. » Ils forment donc, au point de vue de la propriété, une catégorie de choses tout à part, et M. Demolombe nous paraît avoir exactement déterminé leur condition dans le passage suivant :

« Sans doute ces droits privés concédés par la loi elle-même aux riverains des cours d'eau non navigables ni flottables constituent à leur profit des biens, ils constituent certains droits d'usage, droits réels dépendants de leurs héritages, et dont ils peuvent en conséquence réclamer le maintien devant l'autorité judiciaire, gardienne de tous les droits privés. »

« Mais ce qu'il est très essentiel de remarquer, c'est que ces droits leur ont été concédés par la loi sur une chose que la loi elle-même considérait comme chose commune, c'est qu'elle ne les leur a concédés que d'une manière déterminée, définie, limitative, que par conséquent ils ne peuvent réclamer que les droits qui ont fait l'objet de cette concession, et que tout ce qui ne leur a pas été concédé est demeuré sous l'empire de la règle qui gouverne les choses communes. »

Quoi qu'il en soit, l'incertitude sur cette question fondamentale a contribué à jeter le doute et l'obscurité sur la matière, car suivant qu'on adopte telle ou telle doctrine, on est conduit à des conséquences absolument différentes ce qui est ici d'autant plus grave, que la loi est très insuffisante, et que l'interprétation doit combler bien des lacunes et trancher bien des difficultés que le législateur n'a pas prévues.

Ajoutons enfin que certaines attributions semblent être accordées à la fois au pouvoir judiciaire et à l'administration, comme celle de faire des règlements d'eau, ce qui donne naissance à des conflits de compétence très-fréquents, et au sujet desquels la ligne de démarcation n'est pas toujours nettement établie par la loi.

En présence d'une législation aussi incomplète et aussi incertaine, une jurisprudence s'est formée, d'abord très-hésitante, mais aujourd'hui fixée sur la plupart des points. La Cour de cassation et le conseil d'État, chacun agissant dans la sphère de ses attributions, ont comblé les lacunes de la loi et leurs décisions nombreuses, concordantes, ont sur bien des questions établi une jurisprudence constante qui a, pour ainsi dire, acquis en fait la permanence et l'autorité de la loi elle-même. C'est dire que cette jurisprudence sera la base principale de ce travail.

Il n'entre pas dans le cadre de cette étude de traiter toutes les questions se rattachant au régime légal des rivières non navigables. Le voisinage des cours d'eau impose aux riverains certaines charges comme le curage et les endiguements, il leur procure en retour certains avantages : l'attibution des alluvions, des îles, le droit de pêche, le droit d'user de l'eau pour l'irrigation et d'utiliser la force motrice. Nous laisserons de côté les charges imposées au fonds riverains, et quant aux avantages, nous nous occuperons seulement de ceux qui ont une relation directe et immédiate avec l'agriculture et l'industrie, je veux parler : 1° du droit d'user de l'eau pour l'irrigation ; 2° du droit d'utiliser la pente pour obtenir une force motrice. Cette étude comprendra donc deux parties :

*Première partie.* — Des irrigations.

*Deuxième partie.* — Des usines et moulins à eau.

Dans un chapitre préliminaire, nous indiquerons à quels cours d'eau s'appliquent les principes que nous allons développer.

# PRÉLIMINAIRES

## DE LA DÉTERMINATION DES COURS D'EAU NAVIGABLES ET NON NAVIGABLES

Que comprend cette expression : cours d'eau non navigables ni flottables ? Il faut poser d'abord le principe que la détermination de la navigabilité ou de la non navigabilité d'une rivière est exclusivement de la compétence de l'administration. Il s'agit de délimiter le domaine public, ce qui n'est pas du ressort de l'autorité judiciaire. Mais comment l'administration procèdera-t-elle?

La loi du 15 avril 1829 sur la pêche fluviale dit dans son article 3. « Des ordonnances royales insérées au bulletin des lois, détermineront, après une enquête *de commodo et incommodo*, quelles sont les parties des fleuves et rivières où le droit de pêche sera exercé au profit de l'Etat. » L'ordonnance du 10 juillet 1835, rendue en exécution de la loi ci-dessus, a déterminé les portions de cours d'eau navigables ou flottables où la pêche peut s'exercer au profit de l'Etat. Ce tableau a été complété depuis par divers décrets ou ordonnances.

Il est bien certain que pour les rivières qui sont comprises dans ces documents la question est tranchée, sauf le droit pour l'administration, de déclarer qu'une rivière navigable a cessé de l'être. En l'absence d'une décision administrative nouvelle, le conseil d'Etat (22 fév. 1850) décide que les droits du domaine public sont maintenus, alors même qu'en fait la navigation reste interrompue pendant un temps plus ou moins long.

Mais il faudrait se garder de conclure que toute rivière non comprise dans les tableaux est une rivière non navigable ; la navigabilité est surtout une question de fait, et la question peut se poser pour toute rivière et à tout moment (C. d'Et., 14 fév. 1873, Chargère, 23 mars 1877 de Savignac). Ainsi, au cours d'un procès, y a-t-il difficulté pour savoir si tel cours d'eau fait ou non partie du domaine public, le tribunal judiciaire doit surseoir jusqu'à ce que l'administration ait prononcé (C. d'Et., 8 fév. 1878, Choppard). Mais, tandis que les déclarations générales de navigabilité doivent, aux termes de la loi de 1829, être faites en la forme des règlements d'administration publique, les questions contentieuses seront de la compétence du conseil de préfecture chargé du contentieux de la grande voirie ; et le tribunal administratif pourra reconnaître non-seulement la navigabilité actuelle mais même la navigabilité ancienne (C. d'Et., 23 juin 1841, le Menuet, 17 août 1864 commune de Saugnac, C. d'Etat).

Reste à déterminer à quels signes, à quels caractères, l'administration reconnaîtra qu'une rivière est ou non navigable. L'article 1 de la loi de 1829 indique comme faisant partie du domaine public : 1° Tous les fleuves et rivières

navigables ou flottables avec bateaux, trains ou radeaux ;
2° Les bras, noues, boires et fossés, dans lesquels on peut
en tout temps passer et pénétrer librement.

On entend par rivières navigables toutes celles pouvant
servir aux transports par bateaux soit de leur fonds, soit à
l'aide d'ouvrages d'art. L'ordonnance de 1669 n'attribuait
au domaine que les fleuves portant bateaux « sans artifice
ni ouvrage de mains. » La restriction n'ayant pas été reproduite par le Code civil ni par la loi de 1829, on considère aujourd'hui comme constituant la domanialité, même
la navigation à l'aide d'écluses.

Quant aux rivières flottables, bien que le Code civil ne
fît aucune distinction, la jurisprudence et la doctrine se sont
mises d'accord pour n'attribuer le caractère de domanialité
qu'à celles qui sont flottables par trains et radeaux. La loi
de 1829 a consacré cette doctrine (art. 1er). Les rivières
flottables seulement à bûches perdues, c'est-à-dire où on
abandonne simplement le bois, bûche par bûche, au courant de l'eau, sont rangées dans la classe des rivières non
navigables.

La loi de 1829 considère les bras, noues, boires et
fossés, qui tirent leurs eaux des fleuves et rivières navigables et flottables, comme faisant partie intégrante de la
rivière elle-même et comme appartenant au domaine
public, lors même qu'ils ne sont pas navigables. Mais il ne
faudrait étendre cette solution ni aux affluents, ni aux cou-
rants qui se séparent de la rivière principale pour ne plus
s'y réunir.

Une rivière qui n'est navigable que sur une partie de son parcours appartient-elle néanmoins tout entière au domaine public ? La question avait fait doute dans l'ancienne jurisprudence : mais aujourd'hui on admet sans discussion qu'une rivière peut être pour partie navigable et pour partie non navigable (Cass. 23 août 1819).

En délimitant le domaine public en matière de cours d'eau, nous avons par là même fait connaître ce qui est en dehors de ce domaine. Pour nous résumer, nous dirons que les cours d'eau dont nous nous occupons sont : 1° les portions non navigables des cours d'eau faisant partie du domaine public ; 2° les rivières flottables à bûches perdues ; 3° les rivières non navigables ni flottables, même si elles sont des affluents de cours d'eau navigables.

A côté des cours d'eau naturels, il est des cours d'eau artificiels, creusés de main d'homme : ce sont les canaux, qui sont l'objet d'une véritable propriété privée. Nous les laisserons entièrement de côté, et nous ne parlerons pas davantage des sources qui se trouvent dans un fonds, et que l'article 640 déclare appartenir au maître du fonds. Nous ne nous occuperons, en un mot, que des rivières auxquelles s'appliquent les articles 644 et 645 du Code civil. Mais, parmi ces dernières, nous ne ferons aucune distinction entre les rivières et les simples ruisseaux, que certains auteurs ont voulu traiter d'après des règles absolument différentes. Cette distinction n'est faite nulle part dans la loi, et la détermination en serait incertaine et arbitraire.

# PREMIÈRE PARTIE

---

# DES IRRIGATIONS

---

## CHAPITRE I

### DU DROIT AUX EAUX POUR L'IRRIGATION

#### SECTION PREMIÈRE

*A qui appartient le droit aux eaux et quelle est son étendue.*

Le droit de se servir des eaux pour l'irrigation est établi au profit des riverains par l'article 644 du Code civil dans les termes suivants :

« Celui dont la propriété borde une eau courante, autre que celle qui est déclarée dépendance du domaine public par l'article 538, au titre de la distinction des biens, peut s'en servir à son passage pour l'irrigation de ses propriétés.

Celui dont cette eau traverse l'héritage, peut même en user dans l'intervalle qu'elle y parcourt, mais à la charge de la rendre, à la sortie de ses fonds, à son cours ordinaire. »

Cet article est loin de fournir une réponse claire aux diverses questions que soulève son application. Aussi les difficultés sont-elles nombreuses. Quelques-unes de ces difficultés ont été résolues par des lois postérieures (lois de 1845 et de 1847 que nous étudions plus bas), qui, outre qu'elles ont comblé par des innovations heureuses des lacunes que l'interprétation signalait depuis longtemps, ont reconnu implicitement l'existence de certains principes ne pouvant se concilier avec des opinions, auxquelles l'insuffisance du Code civil avait permis de se produire.

À quelles eaux s'applique l'article 644 ? Deux principes découlent du texte : 1° il s'applique aux eaux courantes, disons mieux aux cours d'eau naturels ; 2° aux eaux qui ne sont pas déclarées dépendances du domaine public.

La première formule exclut les réservoirs, lacs, étangs, et canaux ; cependant les canaux établis dans l'intérêt de la contrée par les anciens seigneurs, exerçant les droits qu'ils avaient sur les eaux non navigables ni flottables, doivent être considérés comme des cours d'eau publics, dès lors soumis à l'application de l'article 644 (Grenoble 24 nov. 1843 D. p. 45, 162).

La deuxième formule exclut tout ce que nous avons fait entrer dans le domaine public. La jurisprudence n'applique pas même les droits de l'article 644, aux eaux communales, inaliénables et imprescriptibles (Cass. 23 janv. 1847, Alric.).

A qui est accordé l'usage de l'eau ? C'est aux riverains que l'article 644 accorde l'usage de l'eau. Qui est riverain ? Celui dont la propriété borde l'eau courante ou dont cette eau traverse l'héritage. Ces termes de l'article 644 excluent celui dont la propriété est séparée du cours d'eau, par une langue de terre ou par un chemin public. Pour ce dernier cas, on s'est demandé si, en obtenant de l'administration le droit de faire passer un aqueduc sous la voie publique, le riverain pourrait prétendre à l'usage de l'eau. Les termes de l'article nous paraissent repousser cette prétention, le fonds en question ne borde pas l'eau courante, c'est la loi et non l'administration qui détermine les ayants-droit à l'usage de l'eau. La jurisprudence est formelle en ce sens. Ces principes ont été appliqués dans l'espèce suivante : Il a été décidé que le propriétaire dont le fonds est bordé par un chemin, au milieu duquel coule une eau courante, n'est pas riverain de ce cours d'eau, bien qu'il n'en soit distant que d'un mètre à peine ; par conséquent il ne peut y faire des prises d'eau au préjudice d'un propriétaire inférieur ayant la jouissance de ces eaux (Angers, 28 janv. 1847. D. P. 47, 2, 445).

Celui dont le fonds borde une eau courante peut s'en servir, dit l'article 644, pour l'irrigation *de ses propriétés*. Comment entendre ces mots ? Un premier point qui n'est guère contestable, bien qu'il ait été contesté, c'est que l'on devra se placer au moment même du litige, pour apprécier l'étendue du fonds riverain. Si donc, le fonds qui bordait l'eau courante a été augmenté par des acquisitions nouvelles, le droit aux eaux doit s'étendre dans la mesure des nouveaux besoins. Certains auteurs voudraient que l'on envisageât l'état primitif des fonds en remontant à l'époque où les droits ont été constitués. Il y aurait là d'inextricables difficultés, autant vaudrait, comme dit très bien M. Daviel, remonter au déluge.

Mais, si un propriétaire possède le long d'un cours d'eau une terre labourable, puis une prairie, de telle sorte que la prairie, n'étant pas riveraine du cours d'eau, se rattache cependant à la terre labourable qui borde la rivière, que devons-nous décider ? On pourrait, en s'attachant strictement à cette idée que les propriétés riveraines seules doivent profiter de l'eau, refuser le droit d'irrigation en ce qui concerne la prairie. Cette interprétation étroite n'a pas prévalu, et la jurisprudence, avec raison suivant nous, pense que ces mots pour « l'irrigation de ses propriétés » doivent s'étendre à toutes les propriétés qui se rattachent sans solution de continuité au fonds qui borde l'eau courante (Cass. 24 janv. 1865. D. 1865, 1, 179).

La difficulté est beaucoup plus grave quand il s'agit de savoir, si le propriétaire riverain qui a des propriétés non riveraines peut les faire participer au bénéfice de l'eau. Est-ce au fonds riverain, ou au propriétaire riverain que le droit est accordé ? Les auteurs qui ont vu dans les droits établis par l'article 644 une véritable servitude, ont restreint le droit aux propriétés riveraines. Cette théorie nous paraît absolument erronée. On invoque en sa faveur la place qu'occupe l'article 644 dans le Code au titre des ser-

vitudes. Il est facile de répondre que bien d'autres dispositions du titre IV, livre II du Code civil ne se rapportent pas
à des servitudes, entr'autres l'article 641 qui établit un droit
de propriété. En outre, toute servitude est une charge pour
un fonds au profit d'un autre fonds appartenant à une autre personne ; or, que l'on considère les cours d'eau comme
une chose commune, ou comme la propriété des riverains,
il est impossible de trouver dans notre espèce un fonds
dominant et un fonds servant appartenant à deux personnes différentes. Concluons que le droit d'usage est accordé
au riverain, et non au fonds, et comme l'article 644 le lui
accorde pour l'irrigation de ses propriétés sans distinguer
entre ses propriétés riveraines ou non, nous ne distingue-
rons pas non plus.

La loi de 1845 a du reste levé les doutes en permettant
de conduire à travers les propriétés intermédiaires les eaux
dont on a le droit de disposer, n'est-ce pas dire implicitement qu'on a le droit d'arroser ses propriétés non riveraines? Le système contraire rendrait presque inutile la loi
de 1845. A ce dernier argument on répond qu'il a été dit
formellement dans la loi de 1845 que l'on ne touchait pas
au Code civil, qu'on ne peut donc se prévaloir de cette loi
pour interpréter le Code civil. La réponse serait péremp-
toire, si le Code civil tranchait formellement la question,
mais nous avons vu qu'il est plutôt favorable à notre système, et dans le doute, nous croyons que la loi de 1845
peut être invoquée pour savoir l'interprétation qui doit prévaloir.

Comme le dit très bien M. Laurent : « Les lois nouvelles maintiennent le Code civil, cela est certain, mais quelle est l'interprétation qu'elles consacrent ? Est-ce l'interprétation textuelle et rigoureuse, ou est-ce l'interprétation plus large qui s'accommode aux besoins nouveaux de la société moderne ? » Et M. Laurent ajoute : « Les textes restent ce qu'ils étaient, mais l'esprit a changé ; ce n'est plus l'esprit exclusif du propriétaire qui préside à leur interprétation, c'est l'esprit d'amélioration et de progrès dans le domaine de l'agriculture. »

Une hypothèse nous reste à examiner pour avoir répondu à cette question : A qui appartient l'usage de l'eau ? Un héritage riverain est divisé en plusieurs parcelles par suite d'une vente, d'un partage, etc., et parmi ces parcelles il en est qui ne sont plus contiguës au cours d'eau, conservent-elles néanmoins à leurs propriétaires le droit aux eaux ? Une opinion très accréditée et qui a pour elle l'autorité de la jurisprudence (Cass. 9 janv. 1843) maintient le droit de se servir des eaux, dans le cas au moins où il y a eu, soit une convention expresse à ce sujet, soit des travaux destinés à faciliter l'usage de l'eau pour l'héritage tout entier. Nous serions portés à restreindre entre les parties les effets d'une pareille convention expresse ou tacite, et nous pensons que les tiers riverains pourraient toujours s'opposer à l'usage des non-riverains. On nous objecte que leur position va se trouver améliorée par l'effet de la division du fonds, mais n'est-elle pas empirée quand un riverain acquiert de nouveaux fonds ?

En un mot, et pour résumer toutes les explications précédentes, nous poserons la règle suivante. *Il faut pour bénéficier de l'usage de l'eau courante être riverain. Cette qualité donne le droit de se servir des eaux pour toutes ses propriétés.*

*Etendue du droit aux eaux.* — Dans quelle mesure les personnes que nous venons de déterminer pourront-elles user des eaux ? Comment la répartition se fera-t-elle entre les divers ayants-droit? L'article 644 distingue le cas de la propriété qui borde une eau courante, et celui où la propriété est traversée par le cours d'eau. On a voulu voir entre ces deux situations une différence fondamentale, et accorder au riverain des deux bords des droits beaucoup plus étendus. Nous croyons que le législateur, en des termes un peu ambigus il est vrai, a consacré cette idée qui découle de la nature même des choses, que celui qui n'a qu'une rive a ses droits limités par le riverain de la rive opposée, tandis que le propriétaire des deux rives ne rencontre pas cette limite. De là la faculté qu'a le second de faire serpenter l'eau dans sa propriété, ce que le premier ne pourrait faire, sans nuire aux droits du riverain opposé. Mais, si les deux propriétaires dont le cours d'eau sépare les deux propriétés s'accordent entr'eux ils ont sur ces eaux les mêmes droits qu'aurait celui dont elles traverseraient la propriété.

Une expression de l'article 644, mal interprétée, pourrait conduire à rendre souvent illusoire le droit du riverain d'un seul côté. Il peut, dit l'article, se servir de l'eau « à son passage » or, les bords d'une rivière peuvent être sur certains points élevés et escarpés, et il sera difficile sinon impossible de faire une prise d'eau au regard même de la propriété riveraine. Dans ce cas ne pourra-t-on pas pratiquer la prise d'eau sur un fonds supérieur où la rive est moins haute, à condition bien entendu qu'on ait le consentement du propriétaire supérieur ? Nous n'hésitons pas à répondre oui, malgré les mots « à son passage. » Ces mots signifient pour nous, que celui qui n'a qu'une rive ne pourra détourner le cours de l'eau ; ce serait, nous l'avons dit, nuire à son coriverain. Aussi ne sont-ils pas répétés dans le deuxième paragraphe de l'article qui détermine les droits du propriétaire des deux bords. Entendre ces mots dans ce sens qu'il faut prendre l'eau au moment même où elle passe devant la propriété, ce serait mettre, en certains endroits, le riverain dans l'impossibilité d'exercer ses droits (Cass. 21 nov. 1864. D. 1865, 1, 174).

Enfin le riverain des deux côtés doit rendre l'eau à la sortie de son fonds à son cours ordinaire ; c'est-à-dire au cours qu'elle aurait eue, s'il n'avait pas détourné l'eau dans son fonds. Cette obligation est le corrollaire naturel du droit qu'il a de faire serpenter l'eau dans sa propriété, c'est pourquoi l'article ne l'impose pas au riverain d'un seul côté. Nous croyons toutefois avec la jurisprudence qu'il suffit que les eaux soient conduites à l'endroit le plus rapproché où la pente du sol rend possible la restitution (Bordeaux, 28 déc. 1871) et même que, s'il y a impossi-

bilité de faire la restitution, il faudra régler le volume d'eau
que les riverains sont autorisés à prendre (Metz, 5 juin
1866. D. 1866, 2, 124).

Quelle quantité d'eau chaque riverain peut-il prendre?
On ne peut songer à établir entre les ayants-droit une éga-
lité absolue. Il semble au premier abord qu'on pourrait
proportionner le droit de chacun à l'étendue de terrain
qu'il possède le long de la rivière. Cette proportionnalité,
équitable en apparence, serait une véritable injustice; il
faudra tenir compte aussi de la nature du sol, du genre
de culture et du mode d'exploitation.

Mais ne faut-il pas accorder un droit de priorité au riverain en amont sur ceux situés en aval? Nous répondrons
non avec la jurisprudence et la majorité des auteurs. Celui-
là même dont la propriété est traversée par l'eau courante
ne peut absorber l'eau au préjudice des propriétaires inférieurs. Les riverains ont tous une vocation égale, c'est un
droit de jouissance commune et non pas successive. Cela
résulte de l'obligation imposée par l'article 644 de rendre
l'eau, à la sortie du fonds, à son cours ordinaire. Les travaux préparatoires apportent un argument des plus décisifs
en faveur de cette opinion. Il était dit dans le texte primitif que celui dont la propriété est traversée par une eau
courante peut « en user à sa volonté. » Ces derniers mots
furent supprimés de crainte qu'on y vît la consécration du
droit exclusif du propriétaire supérieur (Cass. 17, 4 décembre 1861. D. P. 1862, 1, 73 et 74).

## SECTION DEUXIÈME.

### *Comment les droits conférés par l'article 644 peuvent-ils être modifiés ?*

Les droits de riveraineté peuvent être modifiés : 1° par des conventions ; 2° par la prescription ; 3° par des concessions antérieures à 1789.

1° *Conventions.* — Le droit qui résulte de l'article 644 peut-il être cédé ? Les auteurs qui ont vu dans ce droit une véritable servitude, ont dit qu'il y avait là une faculté inhérente au fonds riverain, et non susceptible de cession. Cette théorie a été réfutée déjà, nous n'y reviendrons pas. Il y a là une faculté légale, un attribut de la propriété riveraine qui peut être cédé comme tout autre droit.

Ainsi le riverain peut céder à son coriverain l'usage exclusif des eaux, et cette convention sera une véritable restriction des avantages attachés au fonds riverain, donc une servitude opposable à tous les ayants-cause même à titre particulier. Le riverain peut même autoriser un tiers non riverain à pratiquer en son lieu et place des dérivations.

2° *Prescription.* — Le riverain a la faculté d'user des droits que la loi lui accorde. Comme toutes les facultés, celle-ci est imprescriptible et ne peut se perdre par le non-usage. Restât-il mille ans sans user de l'eau, il ne serait pas déchu de la faculté d'en user. Mais cette faculté pouvant faire l'objet d'une renonciation conventionnelle, rien ne s'oppose à ce qu'elle s'éteigne par la prescription trentenaire, à supposer qu'un acte de contradiction ait mis le riverain en demeure d'exercer ses droits, et qu'il soit resté trente ans sans en user à dater de ce moment.

Cette contradiction pourra résulter soit d'actes judiciaires ou extrajudiciaires, soit de certains travaux. Quel devra être le caractère de ces travaux ? Nous avons dit que la convention par laquelle le riverain cède tout ou partie de ses droits est une servitude, puisque le riverain détache une partie des attributs de son fonds riverain au profit d'un autre fonds ; nous sommes donc ramenés aux principes de l'acquisition des servitudes par la prescription. Or, nous savons que ce mode d'acquisition ne s'applique qu'aux servitudes continues et apparentes, il faudra donc des travaux apparents mettant le riverain dans l'impossibilité d'user de tout ou partie de ses droits. Ainsi un barrage fait par un riverain supérieur, ayant pour effet d'attribuer au riverain qui invoque la prescription l'usage exclusif des eaux, au préjudice de ses coriverains, constitue une contradiction suffisante (Cass. II, janv. 1881). Au contraire, les travaux faits en aval n'empêchant nullement l'usage du riverain en amont, ne pourraient servir de base à la prescription. Est-il nécessaire que les ouvrages, auxquels se rattache la contradiction, aient été exécutés sur le fonds de celui contre lequel la prescription est invoquée ? Quelle que soit l'opinion que l'on adopte sur le sens de l'article 642, et alors même qu'il faudrait dire avec la jurisprudence que la prescription contre le propriétaire de la source suppose que les travaux sont faits sur son propre fonds, nous pensons que cette règle exceptionnelle ne devrait pas être étendue à notre hypothèse (Voy. en ce sens Pau, 27 mai 1861. D. 61, 2.183).

Un ouvrage non autorisé peut-il servir de base à la prescription? L'affirmative ne fait pas de doute, à notre avis. L'autorisation ne produit d'effets qu'entre la partie qui l'obtient et l'administration elle-même, mais les tiers ne sont pas admis à se prévaloir du défaut d'autorisation (Cass. 20 janv. 1845).

Peut-on par prescription acquérir un mode d'irrigation contraire à celui déterminé par un réglement administratif? On a prétendu que non en disant que « l'existence du réglement était une protestation permanente au profit des riverains ». Mais il est facile de voir que la possession du riverain qui est dans les conditions voulues pour prescrire, est une interversion de la faculté qu'avaient les riverains d'en jouir conformément au mode réglé par l'administration. Nous croyons donc que la prescription est possible dans notre hypothèse, pourvu qu'elle ne porte atteinte ni aux droits des tiers, ni à l'intérêt général (Grenoble 17 août 1842. D. 45, 2. 161).

Telles sont les conditions que doit remplir la possession en notre matière pour servir de base à la prescription. Faut-il les exiger aussi pour l'exercice de l'action possessoire? Pour invoquer la possession annale, au détriment d'un riverain, faut-il une contradiction des droits du riverain, une interversion de sa faculté légale? La question est très discutée et il y a conflit entre les deux chambres de la cour de Cassation, la chambre des requêtes et la chambre civile. Pour nous, l'article 2232 ne laisse guère place au doute. Les actes de pure faculté, y est-il dit, ne peuvent fonder ni *possession* ni prescription. Nous admettons donc avec la chambre des requêtes que la jouissance exclusive des eaux ne constitue pas un fait suffisant pour donner ouverture à l'action possessoire. Il faut qu'elle soit accompagnée d'actes contradictoires et apparents. A défaut, le riverain, fût-il resté 100 ans sans user de ses droits, ne serait pas considéré comme commettant un trouble, le jour où il voudrait user de l'eau à l'encontre de celui qui possède abusivement (Cass. 17 fév. 1858. D. 1858. 1. 297).

3° *Concessions antérieures à* 1789. — De nombreuses concessions de prise d'eau ont été faites par les seigneurs avant 1790, doit-on leur donner quelque effet? On a voulu arguer des lois abolitives de la féodalité pour soutenir que le droit des concessionnaires était éteint; mais une jurisprudence très ancienne, déclare ce droit maintenu en prenant pour base cette idée, que les seigneurs avaient la libre disposition des eaux, qu'ils étaient dans la limite de leurs pouvoirs en faisant des concessions, et que les lois abolitives de la féodalité n'ont pas touché aux droits privés (arrêts des 23 ventôse an X et 18 juin 1806).

La jurisprudence reconnaît le caractère de légalité aux

concessions antérieures à 1789, alors même que le concessionnaire ne peut rapporter ni titre de concession ni acte de vente nationale, pourvu que la concession remonte à plus de 30 ans antérieurement à 1789 (Req. rej. 23 av. 1844. S. 44. 1. 712).

Mais si un droit de prise d'eau est resté en la possession d'un seigneur jusqu'aux lois abolitives de la féodalité, on doit, d'après la jurisprudence, considérer le droit comme éteint et ne donner aucun effet aux transmissions qui auraient pu être faites postérieurement à cette époque (Cass. 24 juillet 1834). L'arrêt s'appuie sur ce qu'il y a alors un droit seigneurial qui a été aboli.

Cette décision nous paraît constituer une anomalie. Il semble que le même caractère doit frapper le droit du concédant et celui du concessionnaire. Si le seigneur pouvait transmettre un droit irrévocable, s'il agissait comme seigneur foncier et non comme seigneur justicier, les lois abolitives de la féodalité n'ont pas plus détruit le droit entre ses mains qu'entre les mains de ses ayants-cause.

A l'existence avant 1789, il faut assimiler le fait d'avoir été compris dans une vente nationale. L'acquéreur a un droit sur la prise d'eau que l'État lui a vendue, et son droit est le même que s'il avait obtenu l'autorisation administrative (C. d'Et., 1er févr. 1851 et 29 nov. 1851).

## SECTION III

### *Lois postérieures au Code civil.*

Le Code civil était très insuffisant en matière d'irrigations, et des réclamations nombreuses s'élevèrent, d'autant
plus que la plupart des nations Européennes, notamment
la Prusse et la Sardaigne, nous avaient devancés en introduisant dans leur législation d'importantes améliorations.
Deux lois, l'une de 1845 et l'autre de 1847, sont venues,
au moins en partie, donner satisfaction à ces plaintes, en
permettant aux riverains d'obliger les propriétaires intermédiaires à leur livrer un passage pour l'irrigation de
leurs héritages plus éloignés, et en autorisant le riverain
d'un seul côté à appuyer sur le bord opposé les ouvrages
d'art nécessaires pour sa prise d'eau. Nous allons étudier
ces deux lois qui sont comme le complément de l'article
644 du Code civil.

1° *Loi de* 1845, 29 *avril.* — La loi de 1845 permet à
tout propriétaire qui veut se servir, pour l'irrigation de ses
propriétés, des eaux naturelles ou artificielles dont il a le
droit de disposer, d'obtenir le passage de ces eaux sur les
fonds intermédiaires.

Il s'agit, on le voit, de l'établissement d'une servitude,
c'est dire que les termes de la loi doivent être interprétés
restrictivement. Aussi l'article 1 accordant le droit au pro-

priétaire, ne donnerons-nous pas la même faculté au détenteur précaire, au fermier ni même à l'usufruitier.

On avait proposé l'expropriation des terrains nécessaires au passage de l'eau, mais le législateur a pensé avec raison qu'il ne fallait déroger à la propriété que dans la mesure strictement nécessaire, et a seulement autorisé l'établissement d'une servitude d'aqueduc. Il est allé plus loin, il a voulu que l'intérêt invoqué fût bien reconnu, et il a laissé aux tribunaux le droit de refuser l'établissement de la servitude, s'il n'y avait pas dans l'entreprise d'irrigation un caractère sérieux d'utilité. C'est ce qui résulte des mots « pourra obtenir » qu'on a substitués aux mots « pourra réclamer » qui se trouvaient dans le texte primitif du projet.

Sur le parcours de la conduite d'eau peut se trouver une route, une rue, un chemin dépendant du domaine public, seront-ils soumis à la servitude ? Certainement non, et il faudra une autorisation de l'administration pour établir les ouvrages sur la voie publique. Et, en effet, la voie publique est hors du commerce, le domaine public n'est donc pas assujetti aux servitudes. D'autre part, il ne saurait appartenir aux tribunaux d'autoriser des ouvrages qui pourraient compromettre la circulation, c'est-à-dire la destination des chemins (Limoges, 1er mars 1881).

La loi de 1845 est bien plus large dans son application que les articles 644 et 645 du Code civil. Elle s'applique aux eaux naturelles ou artificielles dont on peut disposer à un titre quelconque comme propriétaire, usager ou concessionnaire. Nous l'examinerons plus spécialement dans ses rapports avec les cours d'eau non navigables ni flottables.

Il est certain que le riverain de l'article 644 peut invoquer la loi de 1845 pour conduire l'eau sur ses fonds non riverains. Nous avons déjà indiqué que la loi de 1845 supposait implicitement que les fonds non riverains pouvaient participer au bénéfice de l'eau.

Les droits d'usage de l'article 644 étant cessibles, nous autoriserons également à se prévaloir de la loi le concessionnaire non riverain, pourvu qu'il tienne ses droits du propriétaire riverain (Cas. ch. req. 29 mai 1877, Garbouleau C. Salva Blazy). Mais un non-riverain, s'il n'est concessionnaire, ne peut avoir aucun droit à se prévaloir de la loi nouvelle, et le propriétaire riverain lui-même ne pourrait prendre les eaux en amont, sur un point où elles ne bordent pas sa propriété (C. 15 nov. 1854, D. 55, I, 78).

La loi en effet établit simplement une servitude d'aqueduc et non de prise d'eau. La solution serait différente si le riverain avait le consentement du propriétaire sur le fonds duquel il pratique la prise d'eau, ou à plus forte raison, s'il possédait lui-même en amont un autre fonds. Ce serait, croyons-nous, s'attacher trop littéralement à l'expression fonds intermédiaires, que de croire que le législateur n'a visé que le cas où l'on voudrait amener l'eau sur des fonds non riverains du cours d'eau (Cass. 14 mars 1849, D. 49, I, 108) (Nîmes 24 août 1874 et Cas. 14 juillet 1875. D. 76. I.374).

Remarquons que les propriétaires des fonds traversés

par la conduite d'eau n'ont pas le droit de se servir de l'eau à son passage. Quelques conseils généraux avaient proposé de leur donner ce droit, mais on a craint les contestations incessantes que cet état de choses aurait pu amener. Toutefois ils ont faculté d'y abreuver leurs bestiaux, d'y puiser, d'y laver, pourvu qu'il n'en résulte aucun trouble pour l'exercice de la servitude.

La faculté de conduire l'eau sur les fonds intermédiaires ne peut emporter celle de se rendre copropriétaire ou communiste d'un canal existant déjà. La loi de 1845 accorde en effet seulement une servitude de passage, et non une copropriété ; l'esprit de la loi du reste est tout à fait conforme à cette solution, puisque, nous l'avons vu, dans la crainte des contestations, on a refusé aux propriétaires intermédiaires la faculté de se servir de l'eau (Nîmes 15 fév. 1855. D. 56.2. 72).

Ce n'était pas tout de permettre de conduire l'eau sur ses propriétés, il fallait donner les moyens de l'écouler, de la rendre à son cours ordinaire dans les cas où cette obligation est imposée. C'est l'objet de l'article 2 de la loi qui décide que « les propriétaires des fonds inférieurs devront recevoir les eaux qui s'écouleront des terrains ainsi arrosés. » Cet article ne fait pas double emploi avec l'article 640 du C. Civ. car :

1° La servitude de l'article 640 s'applique aux eaux qui découlent *naturellement* du fonds supérieur, il n'y aurait donc pas lieu de l'appliquer à notre hypothèse ; 2° Le propriétaire supérieur pourrait être astreint dans le cas qui nous occupe à faire sur le fonds inférieur les travaux nécessaires pour diminuer le dommage, tandis que dans le cas de l'article 640, il suffit qu'il ne fasse rien qui aggrave la servitude du fonds inférieur.

Telles sont les deux servitudes que la loi du 29 avril 1845 a créées pour faciliter les irrigations. La même loi dans son article 3 établit une faculté de passage pour les eaux nuisibles. Elle nous ferait sortir de notre sujet.

Deux points sont communs à la servitude d'aqueduc et et à la servitude d'écoulement des eaux d'irrigation établies par la loi de 1845 :

1° Certains fonds sont dispensés de l'une et de l'autre. Ce sont les maisons, cours, jardins, parcs et enclos attenant aux habitations ;

2° L'établissement de l'une et l'autre de ces servitudes suppose une indemnité. Mais la loi n'emploie pas les mêmes termes dans ses articles 1 et 2. Pour la servitude d'acqueduc, elle parle d'indemnité juste et préalable ; pour la servitude d'écoulement, elle dit : « l'indemnité pourra être due. » C'est que la première est toujours onéreuse, car on occupe le terrain, et les fonds intermédiaires n'ont pas même le droit d'user de l'eau à son passage. L'obligation de recevoir les eaux qui découlent de l'héritage supérieur peut, au contraire, offrir certains avantages au propriétaire inférieur. Le juge devra en tenir compte et faire la compensation.

Que doit comprendre l'indemnité ? Pour la servitude d'aqueduc, il faudra se baser sur le terrain nécessaire pour

l'exercice de la servitude, et qui comprend, outre la partie du sol où repose l'aqueduc, un certain espace, constituant les francs bords indispensable. au curage? Tout ce terrain devient improductif, et l'indemnité doit s'y appliquer. Il faut tenir compte aussi de la dépréciation qu'apporte à la propriété la conduite d'eau, qui peut être la coupe en deux, et de tous les embarras que pourront entraîner le curage et les réparations à faire au canal, embarras que le fonds intermédiaire est tenu de supporter, aux termes de l'article 696, C. civ.

L'indemnité doit être préalable, c'est-à-dire qu'il n'y aura ni travaux, ni prise de possession possible avant le paiement effectif.

Quant à l'indemnité pour la servitude d'écoulement, elle comprendra tout le dommage que cause au fonds inférieur le passage de l'eau; le juge devant toutefois tenir compte des avantages que l'eau lui procure en retour.

L'article 4 fixe le rôle des tribunaux. Nous le retrouverons dans le chapitre suivant :

*Loi du* 11 *juillet* 1847. — La prise d'eau ne peut s'exercer le plus souvent qu'en élevant artificiellement le niveau de l'eau au moyen d'un barrage. Or, le riverain d'un seul côté n'avait pas le droit d'appuyer le barrage sur la rive opposée, c'est du moins la solution que la jurisprudence et la plupart des auteurs avaient donné à cette question controversée sous l'empire du Code civil.

La loi de 1847 est venue combler cette lacune. L'article 1 de cette loi dit : « que tout propriétaire qui voudra se servir pour l'irrigation de ses propriétés, des eaux naturelles ou artificielles dont il a le droit de disposer, pourra obtenir d'appuyer sur la propriété du riverain opposé les ouvrages d'art nécessaires à sa prise d'eau, à la charge d'une juste et préalable indemnité. » Le droit n'est accordé qu'au riverain d'un seul côté, et le droit d'appui sur les deux rives n'existe pas. M. Pascalis avait demandé qu'on admît cette extension. Elle fut repoussée comme présentant fort peu d'intérêt, le cas étant rare où un non riverain a droit aux eaux. Il faudrait supposer une concession de prise d'eau faite par l'administration sur un cours d'eau non navigable, et le ministre des travaux publics indiqua qu'aucune concession de ce genre n'avait été faite. Il est du reste fort contestable que ce droit appartienne à l'administration.

Mais on a eu tort, suivant nous, de conclure de cette discussion, qu'un non-riverain, cessionnaire des droits d'un riverain, ne pouvait se prévaloir de la loi 1847. Le cessionnaire doit être mis aux lieu et place du cédant, or le cédant a le droit d'appui. Qui ne voit que le droit d'appui permettra seul la plupart du temps au cessionnaire de profiter de la cession? En repoussant l'amendement Pascalis, on n'a pas visé cette hypothèse, et le texte de la loi ne nous paraît pas s'opposer à l'extension que nous voulons en faire.

Le projet de loi de M. Varroy (1), sur le régime des

1. Ce projet détaché du projet du Code Rural a été déposé le 24 janvier 1880, sur le Bureau du Sénat (*J. officiel*, du 14 février 1880).

eaux accorde formellement le droit d'appui sur les deux rives dans son article 78 : « Tout propriétaire....., peut obtenir la faculté, d'établir en travers du cours d'eau, et en dehors de sa propriété et d'appuyer sur les propriétés riveraines, les ouvrages d'art nécessaires, etc... »

L'article 2 de la loi de 1847 permet au riverain, sur le fonds duquel l'appui est réclamé, de demander l'usage commun du barrage, en contribuant pour moitié aux frais d'établissement et d'entretien. Aucune indemnité ne sera respectivement due dans ce cas, et celle qui aurait été payée devra être rendue.

Remarquons que cet article recevra rarement son application, car, le constructeur du barrage ne pouvant réclamer d'indemnité pour l'avantage que la surélévation des eaux procure aux riverains, ceux-ci en bénéficieront sans demander l'usage commun.

Enfin le second § de l'article 2 dispose que « lorsque cet usage commun ne sera réclamé qu'après le commencement ou la confection des travaux, celui qui le demandera devra supporter seul l'excédant de dépense auquel donneront lieu les changements à faire au barrage, pour le rendre propre à l'irrigation des deux rives. »

La servitude légale de barrage existe quels que soient la nature des propriétés susceptibles d'irrigation, et le mode employé pour arroser. C'est donc avec raison qu'il a été jugé que le droit d'appui pouvait être demandé pour l'arrosement à la main d'un jardin potager (Cass. 20 décembre 1853, D. 54, 1, 32).

Remarquons enfin que, à la différence de la loi de 1845, qui exempte de la servitude d'aqueduc même les parcs et les enclos, la loi du 11 juillet 1847, n'exempte plus que les bâtiments cours et jardins attenant aux habitations (art. 1er, § 2). C'est que la servitude d'appui qui ne s'exerce que sur un lopin de terre, est beaucoup moins onéreuse que la servitude d'aqueduc.

Nous pensons même que c'est avec raison qu'il a été décidé, que l'exemption de la servitude dont jouissent les cours et jardins attenant aux habitations ne s'applique pas au cas où le riverain, sur le fond duquel se trouve appuyé un barrage déjà établi par l'autre riverain, demande à en acquérir la copropriété (Cass. 29 décembre 1853. D. 54, 1, 32). La loi en effet se montre plus facile pour l'acquisition de la copropriété d'un barrage ancien que pour la création d'un barrage nouveau, et l'article 2 ne reproduit pas la restriction du § 1er de l'article 1er.

# CHAPITRE II

Nous venons de voir les divers droits des riverains sur
les cours d'eau non navigables ni flottables; il nous reste à
déterminer les pouvoirs respectifs de l'administration et des
tribunaux en notre matière. Nous rencontrons ici l'article
645 du Code civil les articles 4 et 5 de la loi du 29 avril
1845 et les articles 3 et 4 de la loi du 11 juillet 1847. Il
y a enfin des textes de l'époque intermédiaire, qui établis-
sent les droits de l'administration sur les cours d'eau non
navigables ni flottables, et surtout les décrets, dits de décentralisation, du 25 mars 1852 et du 13 avril 1861.

La division des attributions est souvent difficile à faire,
et les conflits abondent entre les tribunaux judiciaires et
l'administration. L'obscurité vient de ce que l'administration a une double action sur les eaux : 1° Pouvoir de police
c'est-à-dire droit de veiller au libre cours des eaux, d'empêcher les entreprises pouvant occasionner des inondations
ou nuire à la salubrité ; 2° pouvoir de répartition, qui permet à l'administration de répartir les avantages des cours
d'eau, ce qu'elle fait au moyen de réglements d'eau. Or l'art.

645 du Code civil confère aussi aux tribunaux le droit de faire des réglements d'eau, on conçoit dès lors qu'il y ait là un partage d'attributions assez délicat. Dès à présent, et avant d'entrer dans les détails, nous pouvons séparer le mode d'action des deux pouvoirs de la façon suivante.

*L'autorité judiciaire n'intervient que sur la réclamation des intéressés, dans un intérêt privé, et ses décisions n'ont que la valeur relative d'un jugement.*

*L'administration peut intervenir en l'absence de toute contestation, elle n'intervient qu'en vue de l'intérêt général, et ses réglements ont le caractère général d'une loi.*

1° *Compétence judiciaire.* — L'article 645 donne aux juges un pouvoir modérateur pour régler les contestations entre les divers ayant droit à l'usage de l'eau, le juge, y est-il dit, doit concilier l'intérêt de l'agriculture avec le respect dû à la propriété. C'est de la propriété du fonds riverain que la loi a voulu parler sans doute. Cette latitude laissée aux tribunaux permet, dans beaucoup de cas de corriger ce que les principes pourraient avoir de trop rigoureux en notre matière. Le législateur a pensé que les circonstances de fait pouvaient varier à l'infini et que des règles trop absolues ne permettraient pas de tirer des cours d'eau tous les avantages qu'ils comportent, c'est pourquoi il s'en est rapporté à la sagesse du juge. La mission des tribunaux est d'établir l'harmonie entre les riverains. Ils ne peuvent agir, il est vrai, que s'il y a contestation, mais pour qu'ils puissent exercer leur pouvoir modérateur et faire un réglement d'eau entre les parties, il n'est pas besoin d'une demande

spéciale faite par les comparants. C'est une mission que le
juge tient de la loi. Le juge d'appel peut même faire un
réglement d'eau sans qu'il y ait eu aucune demande (cass.
18 juillet 1865 et 18 décembre 1865. D. 1866, 1, 40
et 255).

Les tribunaux sont exclusivement compétents d'après
MM. Aubry et Rau toutes les fois que les contestations
« n'ayant pour objet que l'existence, l'étendue, ou le mode
d'exercice des droits des parties, elles n'engagent aucune
question de police des eaux et se renferment ainsi dans
l'appréciation d'intérêts privés. »

Le pouvoir réglementaire des tribunaux est absolu s'il
n'existe ni convention particulière entre les parties, ni réglement ayant réparti les eaux. Mais si les parties ont réglé
leurs droits, ou si des réglements anciens ou nouveaux
sont survenus, le juge doit se conformer à la volonté des
parties ou aux réglements. C'est l'article 645 qui pose ces
limites. Il s'exprime ainsi « les réglements particuliers ou
locaux devront être observés ». On n'est pas bien d'accord
sur le sens de ces mots ; voici comment nous les compre-
nons : Les réglements particuliers sont les conventions privées entre les riverains, les réglements locaux sont soit les
anciens usages écrits ou non écrits, soit les réglements
administratifs même antérieurs à 1789. Mais il ne faudrait
pas comprendre dans ces mots les concessions ou autorisations de l'administration qui sont toujours données sous
la réserve des droits des tiers. (Cas. 10 mars 1879. D.
1880, 1, 31).

De ce que le pouvoir du juge est moins grand en présence de conventions ou réglements, il ne s'en suit pas qu'il disparaisse complètement. S'il y a une convention, son rôle est de l'interpréter et de la faire appliquer. S'il y a un réglement, il peut vérifier si les formes ont été observées et s'il a été pris par une autorité compétente. Mais ce point acquis, le juge ne peut aller contre l'acte administratif même s'il lèse des droits, tout ce qu'il peut faire c'est de le compléter s'il est insuffisant. Le particulier qui se croit lésé n'a que la voie de la réformation ou de l'excès de pouvoir pour combattre le réglement.

Les tribunaux pourraient-ils faire détruire les ouvrages faits en vertu d'un acte administratif? Nous croyons qu'ils ne le pourraient que s'il s'agit d'un acte permissif, car un tel acte est un simple *je n'empêche* et les droits des tiers sont réservés (Req. 23 juillet 1879 et 5 juillet 1880. D. 1880, 1, 127 et 445).

Même dans le cas d'actes simplement permissifs il y aurait, croyons-nous, une distinction à faire. Le tribunal pourrait certainement ordonner la destruction d'un ouvrage même autorisé s'il était construit sur la propriété d'autrui, car ce point n'a pas pu être examiné par l'administration. Mais, si on se plaint seulement de ce qu'un nouvel établissement cause un préjudice, ou que le droit fondé sur l'article 644 se trouve atteint, les tribunaux en supprimant les travaux, ne reviendraient-ils pas sur des points tranchés souverainement par l'autorité administrative? (Cass. 27 nov. 1844. D. 1845, 1, 216).

Le pouvoir règlementaire des tribunaux ne va pas jusqu'à les autoriser à imposer dans un réglement d'eau une servitude à un fonds au profit d'un autre. Mais il a été jugé avec raison qu'ils pourraient ordonner certains travaux (Req. 19 avril 1867. D. 65, 1, 377).

Un réglement d'eau fait par un tribunal ne fait pas obstacle à une réglementation ultérieure soit de l'administration, soit des tribunaux (Cass. 11 mars 1867. D. 1867, 1, 352).

Disons enfin qu'il est admis par la doctrine et la jurisprudence que les actes émanant du pouvoir discrétionnaire des juges échappent au contrôle de la Cour de cassation.

La loi de 1845 charge les tribunaux de régler toutes les questions concernant les formes, la dimension, la fixation du parcours de la conduite d'eau et les indemnités dues soit au propriétaire du fonds traversé, soit à celui du fonds qui recevra l'écoulement des eaux (art. 4).

De même la loi de 1847 charge les tribunaux de trancher toutes les contestations concernant la servitude d'appui (art. 3).

Dans les deux cas, il est procédé comme en matière sommaire, et, s'il y a lieu à expertise, il peut n'être nommé qu'un seul expert.

Nous retrouvons dans les deux lois de 1845 et 1847 le pouvoir modérateur accordé aux tribunaux, qui doivent concilier l'intérêt de l'opération avec le respect dû à la propriété.

2° *Du droit de police administrative.* — Nous traiterons à fond la question des pouvoirs de l'administration sur les cours d'eau non navigables dans la deuxième partie qui traite des usines et autres établissements industriels. Mais dès à présent nous allons, pour compléter la matière des irrigations, indiquer rapidement comment se traduisent en notre matière les droits de l'administration.

Il semble que l'article 644 accorde formellement aux riverains le droit de faire des prises d'eau pour l'irrigation, et cependant de bonne heure l'administration se fondant sur la généralité des termes de l'instruction des 12-20 août 1790, a revendiqué le droit d'autoriser les prises d'eau d'une certaine importance. Cette exigence, difficile à justifier sous l'empire du Code civil, a été consacrée législativement par le décret de décentralisation du 25-30 mars 1852 qui place dans les attributions du préfet toute autorisation pour barrage, prise d'eau d'irrigation. On ne peut donc plus contester aujourd'hui à l'administration la faculté d'autoriser même les prises d'eau pratiquées par de simples saignées ou rigoles (Paris 31 déc. 1852, D. 1854, 2, 207. — Cass. 8 novembre 1854, D. 1854, 1, 410). En fait cependant, on se dispense de l'autorisation, et l'autorité administrative ne revendique ses droits, que sur certains points des cours d'eau qui exigent une surveillance spéciale, et pour des travaux d'une certaine importance.

Quel est l'effet de ces autorisations? Faut-il dire qu'une prise d'eau non autorisée n'a aucune valeur à l'égard de l'administration ni à l'égard des tiers?

Les effets de l'autorisation doivent être restreints entre le concessionnaire et l'administration, et ils se feront sentir surtout en cas de suppression de l'ouvrage pour le droit à l'indemnité. Ce droit n'existe pas en dehors de l'autorisation. Mais les tiers ne sauraient se prévaloir du défaut d'autorisation, pas plus que l'autorisation ne peut léser leurs droits. Cette théorie sera justifiée et développée dans la deuxième partie.

Du droit d'accorder les prises d'eau résulte pour l'autorité administrative celui d'imposer à l'autorisation telles conditions qu'elle juge nécessaire pour assurer le libre cours des eaux, ou pour des motifs de salubrité, ou même pour établir une équitable répartition. Ces mesures se rapporteront à la forme et aux dimensions des ouvrages, aux heures et époques où l'on devra arroser.

Nous avons dit que l'administration peut supprimer sans indemnité une prise d'eau non autorisée. Doit-elle toujours cette indemnité si elle supprime un établissement autorisé ? Ne peut-elle en accordant l'autorisation introduire la clause de non-indemnité au cas de suppression ? La pratique administrative a varié sur ce point à diverses époques. Aujourd'hui la jurisprudence très-formelle n'admet la validité de la clause de non-indemnité, que dans le cas où la suppression résulte d'une mesure de police des eaux, ou a pour but une meilleure répartition. Une circulaire ministérielle du 20 avril 1865 recommande à l'administration d'insérer la clause en ce sens.

Nous venons de voir l'administration faisant des concessions aux particuliers. Elle peut aussi faire des réglements généraux sur la police et la répartition des cours d'eau non navigables. Quelle est en particulier la compétence du préfet en cette matière ? Le décret de décentralisation du 13 avril 1861 dans son article 2-5° établit très-nettement ses pouvoirs. Il peut agir conformément aux anciens réglements ou usages locaux. Donc, s'il n'y a ni réglements ni usages, ou qu'il s'agisse de les modifier, le préfet n'est plus compétent, il faut alors un décret en conseil d'État.

Tels sont les droits de l'administration en notre matière, elle peut donc faire des concessions particulières et des réglements généraux. Mais un principe certain est que dans les deux cas les particuliers n'ont qu'un recours gracieux devant le supérieur hiérarchique de l'autorité qui a pris la décision. Aucun recours contentieux n'est ouvert si ce n'est toutefois le recours pour excès de pouvoir devant le conseil d'État qui, outre qu'il garantit que l'acte a été fait dans les formes légales et par l'autorité compétente casse invariablement les actes dans lesquels l'administrateur use de ses pouvoirs dans un autre but que celui en vue duquel ils lui ont été confiés. C'est ainsi que les actes des préfets qui, ne s'inspirant pas de l'intérêt général, prononcent sur de purs intérêts privés, sont toujours annulés par le conseil d'État (Voy. Conseil d'État 4 décembre 1874. 18 février 1876. 13 avril 1870. 13 mars 1872).

A défaut de ce recours, le riverain lésé par un acte administratif qui est pris au profit d'un autre riverain peut-il demander devant les tribunaux des dommages-intérêts ?

Cette action ne rencontre aucune difficulté au cas d'acte permissif qui réserve toujours les droits des tiers. Si c'est un arrêté général qui lèse un riverain au profit de l'autre, il nous paraît plus sûr de décider qu'il n'y a pas lieu à indemnité : le riverain avantagé n'est pas l'auteur du fait dommageable, et il n'y a pas droit lésé puisque le riverain n'a pas de droit contre l'État. Cette distinction n'est pas toujours nettement faite dans les arrêts de jurisprudence (Voy. Agen 24 et 26 juillet 1865. Sir. 1866. 2. 113 et 115. D. 1865. 2. 189 et 190).

# DEUXIÈME PARTIE

## DES USINES ET MOULINS A EAU

---

## CHAPITRE I

### DU DROIT AUX EAUX

Le législateur qui accorde formellement dans l'article 644 le droit aux eaux pour l'irrigation, ne parle pas des usages industriels, et on s'est demandé si le propriétaire qui peut se servir de l'eau pour arroser ses propriétés, ne peut utiliser la pente comme force motrice.

Il est certain que l'administration peut conférer ce droit au riverain et qu'en l'absence de l'autorisation il n'a qu'un droit fort précaire. Mais il importe de savoir si l'administration reconnaît un droit préexistant, ou si elle concède un droit dont elle dispose. Dans le second cas elle pourrait arbitrairement accorder le droit d'utiliser les pentes, même à des non riverains, et un établissement non autorisé n'aurait aucune valeur même aux yeux des tiers autres que l'administration.

Nous ne croyons pas qu'il faille adopter cette dernière solution. Si le législateur ne parle que de l'irrigation, c'est que l'industrie n'avait pas, lors du Code civil, l'importance qu'elle a depuis acquise, et le législateur en parlant de l'irrigation parle de l'usage principal, mais sans vouloir exclure les autres. Le second paragraphe de l'article 644 emploie du reste les expressions générales *en user*, et nous avons déjà dit que le riverain d'un seul côté avait les mêmes droits que celui dont le cours d'eau traverse la propriété, sauf le respect du droit de son co-riverain. Nous admettons donc que le riverain d'un seul ou de deux côtés peut employer l'eau à des usages industriels. Mais, il arrivera souvent que le riverain d'un seul côté ne pourra user de ce droit, car pour obtenir une chute d'eau il faut presque toujours un barrage, et il n'a pas le droit d'appuyer ce barrage sur la rive opposée. La loi de 1847 n'a accordé en effet le droit d'appui que pour l'irrigation. Est-ce à dire que le droit que nous reconnaissons à celui dont le fonds borde une eau courante est purement théorique? Nullement; il lui suffira d'acquérir une servitude d'appui sur le fonds opposé, et il aura le même droit que celui dont la propriété est traversée. En un mot, tous les riverains ont des droits égaux, mais l'exercice de ces droits peut être plus ou moins possible, suivant les cas.

Ces principes s'appliquent sans difficulté, si l'on suppose une propriété assez vaste pour pouvoir obtenir une chute suffisante et pour que l'étendue du remous ne dépasse pas les bornes du domaine.

Mais dans l'état de morcellement où se trouve la propriété en France, il faut reconnaître que c'est là l'exception. Le plus souvent les chutes successives qu'il faudra totaliser pour produire la force motrice nécessaire au jeu d'une usine ne se trouveront pas renfermées dans les limites du même fonds, et la surélévation des eaux produite par le barrage fera sentir ses effets bien au-delà de la propriété de l'usinier.

C'est ici qu'apparaît la nécessité de l'autorisation administrative pour régler la répartition des eaux et en tirer le meilleur parti possible, de même qu'on aperçoit la nécessité de ne pas donner aux riverains des droits trop absolus.

Tout en reconnaissant aux riverains des droits spéciaux qu'ils tiennent de la loi même, et qui produisent certains effets vis-à-vis des tiers même en dehors de l'autorisation administrative, nous admettons donc que l'administration peut choisir entre plusieurs demandes qui s'excluent, et que les tribunaux en vertu du pouvoir discrétionnaire qu'ils tiennent de l'article 645 peuvent imposer certains sacrifices aux riverains pour les nécessités de l'industrie.

L'obligation de rendre l'eau après en avoir usé offre en matière d'usines des difficultés spéciales. Le plus souvent l'usage qu'une industrie fait des eaux a pour effet de les altérer, de les corrompre, les riverains à qui l'eau sera rendue sont-ils fondés à se plaindre ? Ils le sont en droit, mais en fait, il faut se garder d'une exagération qui rendrait tout usage des eaux impossible. Aussi, si le préjudice dont se plaignent les riverains inférieurs est peu important, le juge peut décider que c'est une incommodité provenant du voisinage plutôt qu'un abus (Caen 20 décembre 1855, D. 56, 2, 294). Mais, si le préjudice est tel que l'usage devient impossible pour les riverains inférieurs, il y a lieu de prohiber un mode d'user des eaux qui serait incompatible avec le droit des co-riverains (Rej. 16 janvier 1880, D. 1866, 1,206).

Disons en terminant que les lois spéciales de 1845 et de 1847 qui accordent la première une servitude d'aqueduc, la seconde une servitude d'appui, ne peuvent être invoquées en vue d'un usage industriel. Il a été dit expressément qu'elles n'étaient rendues que dans l'intérêt de l'agriculture. Il est permis de regretter qu'on n'ait pas admis la même facilité pour l'industrie, mais la loi est formelle (Cass. 29 juin 1859). Cet arrêt cependant décide que, par cela seul que les eaux doivent être employés à l'irrigation, la servitude doit être accordée, quand même elles serviraient en même temps à alimenter une usine. Les articles 122 et 123 du projet de loi de M. Varroy, sur le régime des eaux comblent la lacune que nous venons de signaler.

Art. 122. — Tout propriétaire qui voudra utiliser la force motrice des eaux dont il a le droit de disposer, pourra obtenir la faculté d'établir, en travers du cours d'eau, et d'appuyer sur les propriétés riveraines les ouvrages d'art nécessaires à la création de cette force motrice, à

---

1. Voy. *Journal officiel*, 14 février 1880.

la charge d'une juste indemnité, pouvant être payée sous forme de redevance annuelle.

Art. 123. — Il peut aussi, sous la même condition, obtenir la faculté de faire passer les eaux sur les fonds compris entre la prise d'eau et l'extrémité du canal de fuite....

# CHAPITRE II

Les eaux tombent sous l'application des pouvoirs généraux de police, qui, aux termes des lois des 16-24 août 1790 et 28 septembre-6 octobre 1791, confient à l'administration le soin de prévenir les accidents, de faire cesser les événements calamiteux, et de veiller à la salubrité publique (Loi 16-24 août 1790, tit. XI, art. 3-5°. Loi 28 septembre-6 octobre 1791, tit. II, art. 9).

Mais, à un point de vue tout différent, les cours d'eau non navigables constituant une richesse publique, leur garde, leur conservation et leur amélioration sont placées entre les mains de l'autorité chargée de la gestion des intérêts généraux. Ce droit de l'autorité trouve sa sanction législative dans les textes suivants :

Loi du 8 janvier 1790, section III, article 2.

« Les administrations de département sont chargées de la conservation des rivières. »

Loi des 12-20 août 1790, chapitre VI.

« Il est enjoint aux administrations centrales de rechercher et d'indiquer les moyens de procurer le libre cours des eaux, d'empêcher que les prairies ne soient submergées par la trop grande élévation des écluses, des moulins et par les autres ouvrages d'art établis sur les rivières ; de diriger enfin, autant qu'il sera possible, toutes les eaux de leur territoire vers un but d'utilité générale d'après les principes de l'irrigation.

Loi des 28 septembre 6 octobre 1791 sur la police rurale, article 16 (titre II).

« Les propriétaires ou fermiers des moulins et usines, construits ou à construire, seront garants de tous dommages que les eaux pourraient causer aux chemins ou aux autres propriétés voisines par la trop grande élévation du déversoir ou autrement ; ils seront forcés de tenir les eaux à une hauteur qui ne nuise à personne, *et qui sera fixée, par l'administration de département, d'après l'avis de l'administration de district.* »

Décret du 25 30 mars 1852. Article 4.

« Les préfets statueront également sans l'autorisation du ministre des travaux publics, mais sur l'avis ou la proposition des ingénieurs en chef, et conformément aux réglements ou instructions ministérielles, sur tous les objets dans le tableau D, ci-annexé :

Tableau D. — 3° Autorisation sur les cours d'eau non navigables ni flottables, de tout établissement nouveau, tel que moulin, usine, barrage, prise d'eau d'irrigation, patouillet, bocard, lavoir à mines ;

4° Régularisation de l'existence desdits établissements, lorsqu'ils ne sont pas encore pourvus de l'autorisation régulière, ou modifications des règlements déjà existants. Décret du 13 avril 1861. Article 2.

« Les préfets statueront aussi, sans autorisation du ministre, mais sur l'avis ou la proposition des ingénieurs en chef sur les divers objets dont suit la nomenclature :

5° Répartition entre l'industrie et l'agriculture des eaux des cours d'eau non navigables ni flottables, de la manière prescrite par les anciens règlements ou les usages locaux. »

Ces divers documents législatifs confient un double droit à l'autorité administrative : 1° Pouvoir de police qui consiste à empêcher les eaux d'être nuisibles ; 2° pouvoir de répartition qui a pour but de les faire tourner au plus grand profit de la société.

Pour se conformer à ce double but, l'autorité administrative agit : 1° par voie d'injonctions ; 2° par voie d'autorisations.

Les injonctions tendent avant tout au maintien du cours libre et naturel des eaux.

Les autorisations ou concessions dispensent aux particuliers les avantages des cours d'eau.

Cette distinction offre une grande importance, car, l'injonction, prise dans un but de police, ne tient pas compte des droits privés. Le droit de police ne peut être entravé ni par les titres et conventions privées, ni par des règlements d'eau judiciaires, ni par des actes administratifs antérieurs.

Nous avons déjà dit au contraire que les actes d'autorisation réservaient toujours les droits des tiers.

Une autre division des actes administratifs est celle en actes collectifs et individuels. Cette division n'a guère d'intérêt qu'au point de vue de l'autorité compétente ; les actes individuels sont les seuls, depuis le décret de 1861, que le préfet puisse faire contrairement aux anciens réglements ou usages locaux. Tous les actes de l'administration portent le nom générique de réglement d'eau, mais il est plus spécialement réservé aux actes collectifs.

Nous allons entrer dans le détail et étudier dans quatre sections le droit de police administrative.

1re Section. — A quelle autorité est confiée la police administrative sur les cours d'eau non navigables.

2e Section. — Des actes individuels ou autorisations.

3e Section. — Des actes collectifs réglements d'eau.

4e Section. — Police répressive et contraventions.

## Section I

*Autorités auxquelles est confié le droit de police administrative sur les cours d'eau non navigables.*

Les lois de 1790 et de 1791 mettaient la police des cours d'eau parmi les attributions locales, dont les administrations supérieures de chaque département étaient chargées. L'œuvre de centralisation du directoire devait se faire sentir en notre matière, et en fait sinon en droit, les autorités départementales furent dépouillées au profit du gouvernement. Un arrêté du 19 ventôse an VI relatif à un fait particulier d'établissement hydraulique, et inséré au bulletin des lois consacre cette transformation.

« L'administration centrale de l'Aube est invitée, conformément aux lois existantes, à l'arrêté du 13 nivôse an V et à l'instruction du 24 pluviôse suivant, à ne permettre l'exécution d'aucun de ses arrêtés portant autorisation d'établissements d'usines sur les rivières, canaux et ruisseaux navigables et flottables de son ressort, qu'autant que ces actes seront revêtus de l'homologation du ministre de l'intérieur. » Cet arrêté statue sur un cas de rivière navigable, mais comme les lois de 1790 et de 1791 ne distinguaient pas les deux sortes de rivières, c'est un signe que l'on ne s'en tenait plus aux termes desdites lois, pour la désignation des autorités auxquelles était confiée la police des eaux.

Et un décret du conseil d'État du 31 octobre 1817 dit que « à raison de la matière et des intérêts divers auxquels pouvaient s'appliquer ces mesures, le conseil a pensé que les permissions d'usines puiseraient une plus grande autorité dans un acte émané du chef du pouvoir exécutif. »

Ce système dura jusqu'au décret de 1852, sauf un essai de décentralisation qui eut peu de durée en 1848.

Le décret de 1852 est le premier qui distingue les cours d'eau navigables et non navigables au point de vue de la police administrative. De ce décret, combiné avec celui de 1861 (voir les textes ci-dessus) résulte le système suivant.

Pous les actes individuels, les préfets ont plein pouvoir sur les cours d'eau non navigables ; ils peuvent agir même en contradiction des anciens réglements ou usages locaux. Ils doivent seulement prendre l'avis de l'ingénieur en chef.

Quant aux actes collectifs, le passage suivant emprunté aux conclusions de M. de Belbœuf (décret du 26 août 1867. Bardot) indique nettement la compétence administrative :

« S'il est question d'un acte général ou réglementaire, s'il est nécessaire de faire entre l'industrie et l'agriculture une répartition des eaux, les préfets ne peuvent procéder à ces dispositions qu'autant qu'ils se conformeraient aux anciens réglements ou aux usages locaux.

« En l'absence de tout ancien réglement ou d'usage local, aujourd'hui, comme avant les décrets de 1852 ou 1861, les mesures concernant le partage des eaux, ou constituant un réglement général et permanent ne peuvent être prises que par le chef de l'État.

« Mais, l'intervention, soit de l'une des sections, soit de l'assemblée générale du conseil d'État est-elle nécessaire ? Nous ne connaissons à cet égard aucune disposition impérative analogue à celle que contient en matière de curage la loi du 14 floréal an XI. Mais, dans la pratique, à raison de l'importance des intérêts engagés dans les questions relatives au régime des eaux, on a toujours recours à la forme solennelle et protectrice du réglement d'administration publique. »

Quel est le ministre compétent pour les questions relatives aux cours d'eau non navigables? Des textes contradictoires, surtout en matière du curage, attribuaient compétence les uns au ministre de l'intérieur, les autres au ministre des travaux publics. Les décrets de décentralisation ne tranchaient pas formellement la question, et les deux ministres revendiquaient la police des cours d'eau pour leur département. Deux décrets du 8 mai 1861 et du 29 avril 1862 ont mis un terme au différend, en attribuant exclusivement au ministère des travaux publics toutes les questions se rattachant au curage, à la police et à l'amélioration des cours d'eau non navigables (1).

Il nous reste à parler des pouvoirs des maires en notre matière. Les maires n'ont pas de pouvoir spécial en matière de cours d'eau ; mais en vertu de leur droit de police ils sont chargés par la loi des 16-24 août 1790 de prévenir les accidents et fléaux calamiteux ou de les faire cesser ; ils sont chargés aussi de veiller au maintien de la salubrité publique. En cas d'inondations, d'exhalaisons malsaines, le maire a donc la faculté de prendre certaines mesures.

Il est souvent difficile de tracer la limite exacte entre les pouvoirs du maire et du préfet. Il faut se rappeler que le maire ne doit agir que pour des motifs de salubrité ou de sûreté publiques. C'est ainsi qu'un arrêt du Conseil d'Etat déclare valable un arrêté du maire par lequel les latrines construites sur les cours d'eau traversant la ville

---

1. Ces attributions sont rattachées aujourd'hui au ministère de l'agriculture.

étaient supprimées (C. d'Et., 5 déc. 1873). Mais il est certain qu'un maire ne pourrait ordonner le curage d'une rivière, sauf le cas d'évènements calamiteux et urgents. A son tour, le préfet ne doit pas empiéter sur les attributions des maires, en prenant par exemple des arrêtés relatifs à la salubrité pour telle ou telle commune (V. Cass. 1er août 1862, et 24 nov. 1854).

Il est bien entendu que si le maire agissait, non plus en vertu de son pouvoir propre, mais en vertu d'une délégation du préfet, il aurait, dans les limites de la délégation à lui faite, la même compétence que le préfet lui-même.

## Section II

### Des actes individuels ou autorisations.

Cette section sera divisée en cinq paragraphes :
1° Instruction des demandes ;
2° Oppositions ;
3° Conditions et effets de l'autorisation ;
4° Voies de recours ;
5° Révocation et modification de l'autorisation.

### § 1er. — Instruction des demandes.

Les formalités qui doivent accompagner toute demande en autorisation d'usine sont indiquées dans deux circulaires, l'une du 16 novembre 1834 du directeur des ponts et chaussées, l'autre du ministre des travaux publics en date du 23 octobre 1851.

« Toute demande, dit la circulaire de 1851, relative soit à la construction première de moulins ou usines à créer sur un cours d'eau, soit à la régularisation d'établissements anciens, soit à la modification des ouvrages régulateurs d'établissements déjà autorisés est adressée au préfet en double expédition dont une sur papier timbré.

« La demande doit énoncer d'une manière distincte :

« 1° Les noms du cours d'eau et de la commune sur lesquels cette usine devra être établie, les noms des établissements hydrauliques placés immédiatement en amont et en aval ;

« 2° L'usage auquel l'usine est destinée ;

« 3° Les changements présumés que l'exécution des travaux devra apporter au niveau des eaux soit en amont, soit en aval.

« Le propriétaire devra justifier en outre qu'il est propriétaire des rives et du sol sur lequel les ouvrages d'art doivent être exécutés ou avoir le consentement écrit du propriétaire. »

Après avoir examiné la demande, le préfet prend un arrêté, qui en ordonne le dépôt à la mairie de la commune où les travaux doivent être exécutés, et fixe le jour de l'ouverture de l'enquête.

L'arrêté est affiché par les soins du maire et reste affiché pendant les 20 jours que dure l'enquête.

En même temps un registre destiné à recevoir les observations des parties intéressées est ouvert à la mairie. Toute
réclamation doit être faite dans ce délai de 20 jours ou
dans les 3 jours qui suivent.

A l'expiration de ces 23 jours le maire dresse procès-
verbal de l'apposition des affiches. y joint les oppositions
déposées, y mentionne les observations qui ont été faites
en y ajoutant ses propres remarques.

Le procès-verbal est remis au sous-préfet qui le transmet au préfet.

Après s'être assuré de la régularité de l'enquête, le préfet transmet les pièces à l'ingénieur en chef, lequel les renvoie à l'ingénieur ordinaire pour être procédé par lui à la
visite des lieux et à l'instruction de l'affaire.

L'ingénieur ordinaire procède à la visite en présence des
maires ou de leurs représentants et des intéressés qui veu-
lent s'y rendre et qui ont été prévenus 5 jours à l'avance.
Il reçoit les observations qui lui sont faites, recueille les
renseignements, et dresse sur les lieux un procès-verbal en
présence des parties intéressées qui sont appelées à le signer.

Il adresse ensuite son rapport à l'ingénieur en chef, qui
transmet toutes les pièces au préfet avec ses observations
et avis.

Alors, sur les propositions de l'ingénieur, s'ouvre une
deuxième enquête, en tout semblable à la première, sauf
réduction du délai à quinze jours. Le résultat de cette seconde enquête est communiqué aux ingénieurs, et, si elle

a pour résultat de modifier leurs propositions, il y a une troisième enquête de quinze jours.

Le préfet rend ensuite son arrêt. En cas de rejet, il doit le notifier immédiatement au pétitionnaire qui peut recourir au ministre.

En cas d'admission, la circulaire de 1851 disait qu'il devait transmettre les pièces au ministre, lequel, après avoir fait procéder à une nouvelle enquête, statuerait par décret rendu en forme d'adminitsration publique.

Après le décret de 1852 qui confie au préfet le soin de statuer définitivement sur les autorisations d'usine, une circulaire du ministre des travaux publics du 7 juillet 1852 dit que le préfet pourra prendre des décisions, sans intervention préalable de l'administration centrale, mais sous toute réserve de son contrôle ultérieur, sur les affaires relatives à la réglementation d'usines nouvelles ou à la régularisation d'établisssements non autorisés.

Enfin une circulaire du 7 août 1857 renferme le passage suivant : « Pour prévenir la mobilité qui en s'introduisant dans les arrêtés réglementaires pourrait en affaiblir l'autorité, et inquiéter les intérêts auxquels se rattachent ces actes importants, il convient qu'aucune demande en révision ne soit soumise aux enquêtes avant que l'administration supérieure, sur l'avis préalable de MM. les ingénieurs, ait été d'abord consultée. » Cette décision n'est pas très-légale, car le décret de 1852 donne pouvoir aux préfets sans distinguer entre les demandes nouvelles et les demandes en révision. Cependant elle est constamment appliquée en pratique.

Outre ces formalités imposées d'une façon générale pour toute autorisation d'un établissement quelconque, il en est de particulières à certains cas exceptionnels. La circulaire du 7 juillet 1852 en donne l'indication.

« Je crois devoir vous rappeler, M. le Préfet, que lorsqu'il s'agit d'une usine alimentée par un étang qui peut donner lieu à des exhalaisons dangereuses, il est nécessaire de consulter les conseils municipaux des communes intéressées, ainsi que le conseil d'hygiène de l'arrondissement. Pour les scieries ou pour les usines situées dans la zone frontière soumise à l'exercice des douanes, vous devez prendre l'avis du conservateur des eaux et forêts ou du directeur des douanes, sans qu'il soit nécessaire de recourir à mon intervention.

Mais il n'en est pas de même pour les établissements placés dans la zone des servitudes militaires autour des places de guerre. Dans ce cas, l'avis de la commission mixte des travaux publics étant indispensable, vous devez me transmettre toutes les pièces du dossier, en y joignant les procès-verbaux des conférences avec MM. les officiers du génie militaire, afin que je puisse saisir la commission mixte. »

Toutes ces règles sont contenues dans de simples circulaires ministérielles, et on pourrait être tenté de n'y voir que de simples instructions qui n'ont rien d'obligatoire. Mais la jurisprudence du conseil d'Etat considère que les enquêtes, affiches, publications etc. s'imposent au préfet et annule les arrêts qui n'ont pas été précédés de ces formes (Voyez C. d'Ét. 6 mai 1863 S$^r$ Couleaux et C$^{ie}$ 26 novembre 1863 S$^r$ Rallier, 15 juin 1864 S$^r$ Gaunard). C'est là une pratique illégale, mais bien établie, et il serait à souhaiter qu'une loi vînt consacrer et sanctionner cette procédure.

Lorsque l'acte d'autorisation a été rendu, l'ingénieur ordinaire se transporte sur les lieux, à l'expiration du délai fixé, pour vérifier si les conditions imposées ont été remplies, et il dresse un procès-verbal de récolement. Si l'usinier n'a pas satisfait aux conditions de l'acte d'autorisation, il est mis en demeure d'y satisfaire, et, en cas de refus ou de négligence, le préfet peut ordonner la mise en chômage de l'usine et même, s'il y a lieu, la destruction des ouvrages dommageables.

Telles sont les formes assez longues des autorisations d'usines, mais dans quels cas faut-il y recourir?

D'abord, il faut exclure les moulins qui remontent à une époque antérieure à 1789 et ceux qui ont fait l'objet d'une vente nationale. Ces deux faits remplacent l'acte d'autorisation (voir les développements donnés à ce sujet à propos des irrigations).

Si une usine est détruite, il n'est pas douteux qu'il faudra une autorisation nouvelle pour la réédifier (C. d. Et. 19 mai 1835).

La question est plus délicate s'il s'agit d'une usine abandonnée. L'ancien droit admettait dans ce cas qu'au bout de dix ans le droit était perdu (Voy. Fréminville. Pratique des terriers, t. 3. n° 61) Cette opinion ne peut être admise aujourd'hui, elle serait arbitraire. Nous croyons que le mécanisme de l'usine, tant qu'il subsiste, conserve le droit à l'usage de l'eau (Cas. 26 janvier 1836).

Mais si le particulier qui a obtenu une permission n'en use pas, l'administration, bien qu'elle n'ait pas fixé un délai, peut au bout d'un temps assez long en disposer au profit d'un autre.

Si un usinier veut faire des modifications ou réparations à son établissement devra-t-il obtenir l'autorisation ? L'administration a longtemps prétendu qu'on ne pouvait apporter aucune espèce de changement sans autorisation, et la jurisprudence a d'abord favorisé cette prétention. Cependant de bonne heure on a reconnu que pour faire de simples réparations, sans modifier le mécanisme, l'usinier n'avait pas besoin d'autorisation, et on conçoit en effet tout ce que le système opposé aurait d'impraticable.

Au cas où l'usinier change d'industrie, transforme par exemple un moulin à huile en un moulin à blé, faut-il une nouvelle concession ? Il la faut, sans nul doute, si le changement d'industrie nécessite des changements dans le mécanisme extérieur et le régime du cours d'eau, mais il nous paraît difficile de l'exiger quand la nouvelle exploitation ne nécessite pas de changement de cette nature.

Enfin la jurisprudence est allée plus loin, et sur les conclusions de M. le commissaire du gouvernement Aucoc, le conseil d'État a décidé (28 juillet 1866. Sr Ulrich) que l'usinier pouvait sans permission non-seulement apporter des changements aux ouvrages intérieurs de l'usine, mais même aux ouvrages extérieurs, pourvu qu'il n'ait rien été changé aux ouvrages régulateurs de la retenue de la dite usine ni au régime des eaux. »

## § 2. — Des oppositions.

Nous avons vu que l'instruction de la demande se fait avec la plus grande publicité possible, et qu'on donne les plus grandes facilités aux intéressés pour produire leurs réclamations. Toutes les observations et objections que les tiers produisent pendant l'information administrative, soit pour faire refuser l'autorisation demandée, soit pour faire insérer dans l'autorisation certaines conditions sont rangées sous le nom générique d'oppositions.

Quel est le devoir de l'administration en présence des oppositions qui se produisent? Quel compte doit-elle en tenir?

Ecartons d'abord le cas où l'opposant invoque l'existence d'un droit du ressort de l'autorité judiciaire, un droit de propriété ou de servitude par exemple contraire à l'établissement projeté. Il est certain que l'autorité administrative, si elle reconnaît le bien fondé de la réclamation, devra surseoir à statuer jusqu'à ce que les tribunaux civils aient prononcé. C'est ce qu'elle fera d'ordinaire, mais cette façon de procéder n'est pas obligatoire.

La circulaire du 23 octobre 1851 dit en effet :

« MM. les ingénieurs ne devront s'arrêter devant des oppositions qui soulèvent des questions de droit commun qu'autant que les intérêts généraux n'auront pas à souffrir de l'ajournement de l'instruction. » On voit que l'administration peut passer outre, mais dans ce cas, comme l'autorisation n'intervient jamais que sous réserve des droits des tiers, le jugement postérieur du tribunal sortira son effet, et l'autorité judiciaire pourra ordonner au besoin la destruction des ouvrages qui portent atteinte à des droits privés. Cette conséquence, que le conseil d'État admet depuis longtemps, n'a d'abord pas été admise par la Cour de Cassation, qui poussant à l'excès le principe de la séparation des pouvoirs, craignait d'empiéter sur les droits de l'autorité administrative. Il y avait là une confusion évidente ; quand l'administration fixe la hauteur d'une retenue d'eau, l'autorité judiciaire ne pourrait en prescrire l'abaissement, sous prétexte de dommages causés aux propriétés riveraines, car elle irait contre les points tranchés par l'acte d'autorisation. Mais lorsque par exemple, un tribunal reconnaît que les rives n'appartenaient pas à l'usinier, ou qu'il avait consenti des droits de servitude incompatibles avec l'existence de l'usine, pourquoi l'autorité judiciaire, agissant dans son domaine propre, ne pourrait-elle faire détruire les ouvrages injustement établis? Les droits des tiers sont réservés dans tout acte d'autorisation, c'est dire qu'en les reconnaissant et les faisant respecter, l'autorité judiciaire ne va pas contre la décision administrative (Voy. C. d'Ét. 7 mai 1871. Conflit de l'Yonne). Les oppositions peuvent se baser, non plus sur un droit de propriété et de servitude, mais sur le droit même que des tiers prétendent avoir à l'usage de l'eau en vertu de l'article 644, et qu'ils croient lésé par le nouvel établissement. L'administration peut s'arrêter devant une telle opposition, mais elle n'y est pas tenue ; le pouvoir de répartition qu'elle a sur les eaux lui permet de passer outre. Les tribunaux ne pourraient même pas, suivant nous, faire détruire en ce cas les ouvrages autorisés, ce serait revenir sur des points tranchés par l'acte d'autorisation. Si l'on invoque par exemple, qu'un nouveau moulin porte préjudice aux usines situées soit en amont, soit en aval, le tribunal reconnaissant l'exactitude du fait, ne pourra qu'accorder des dommages-intérêts.

Enfin si l'opposition est fondée soit sur de précédentes autorisations, soit sur des concessions seigneuriales, l'administration est juge souverain du bien fondé de la réclamation, et il n'y aurait même pas lieu d'accorder des dommages-intérêts. Il est admis en effet, que pour les questions ressortissant d'une manière absolue de la juridiction administrative, l'administration pourvoit à ce qui est l'office du juge non moins que de l'administrateur.

C'est à peine s'il est besoin de dire que les réclamations fondées sur la rivalité ne doivent pas être écoutées. Qu'importe que la création d'une usine nouvelle soit une concurrence pour une usine précédemment autorisée ? L'administration n'en doit tenir nul compte, pas plus que les tribunaux judiciaires.

## § 3. — *Conditions et effet de l'autorisation.*

L'arrêté d'autorisation comprend deux parties très distinctes : 1° Il permet de construire ; 2° il fixe certaines conditions à observer dans la confection des travaux. C'est donc un acte en partie permissif en partie impératif. Ces deux sortes d'actes sont soumis, nous le savons, à des règles très différentes (V. plus haut § 1).

La circulaire du 23 octobre 1851 entre dans de grands détails sur les conditions que l'acte d'autorisation doit assigner à tout usinier. Nous n'avons pas à nous arrêter longtemps sur le développement de ces obligations techniques, nous nous bornerons à indiquer sommairement les précautions qui sont ordinairement prises.

D'abord tout arrêté fixe le niveau légal de la retenue d'eau, et l'usinier doit poser à la limite du biez un repère, afin que les agents de l'administration et les intéressés puissent vérifier si le niveau n'a pas été dépassé. Il doit établir aussi au niveau légal un déversoir de manière que les eaux surabondantes trouvent une issue.

En outre, en prévision des crues qui peuvent se produire, on impose en général aux usiniers des vannes de décharge. Ce sont des ouvertures rectangulaires qui servent spécialement à évacuer le superflu des eaux en cas de crue. Leur dimension doit être calculée de façon que, la rivière coulant à pleins bords et étant prête à déborder, toutes les eaux s'écoulent comme si l'usine n'existait pas.

Mais le pouvoir de l'administration a des limites, et seraient entachés d'excès de pouvoir : l'arrêté qui ne se bornerait pas à réserver aux agents de l'administration l'accès des ouvrages régulateurs d'un barrage, mais qui prescrirait à l'usinier de disposer les ouvrages de telle sorte, que les intéressés pussent y accéder librement par un sentier toujours ouvert (C. d. Et. 25 février 1864. Asson frère) ; ou l'arrêté qui enjoindrait à un usinier de fermer les vannes du bief de son moulin à des époques déterminées pour faciliter à certains propriétaires l'irrigation de leurs terres, et ce, sous peine de chômage (C. d. Et. 18 janvier 1878. Villon) ; ou l'arrêté qui, sur la demande du conseil municipal, prescrit à un usinier de reconstruire et d'élargir à ses frais la passerelle de son moulin (C. d'Et. 5 janv. 1878).

Mais les prescriptions que l'administration prend dans les limites de ses pouvoirs s'imposent à l'usinier, et la non-exécution aurait une double sanction, administrative et judiciaire. L'administration peut ordonner le chômage de l'usine et la destruction des travaux non conformes. Elle peut même en cas de refus faire opérer la destruction par ses agents. Quant à la sanction judiciaire, elle consiste dans l'application de l'article 475 du Code Pénal, et même, suivant les cas, une peine plus forte est prononcée par l'article 457 du Code Pénal et l'article 15 de la loi du 6 novembre 1791 (tit. 2). Nous développerons ces distinctions en parlant des contraventions.

Nous connaissons l'acte d'autorisation dans ses formes

et conditions ; demandons-nous quel est l'effet de l'autorisation en elle-même, de la concession qui est faite
par l'administration, indépendamment des prescriptions
qu'elle impose. Ceci revient à nous demander en quoi
diffèrent la situation d'une usine qui est et celle d'une
usine qui n'est pas autorisée.

Nous avons déjà dit, qu'à notre avis, l'article 644 s'appliquait aux usages industriels comme à l'irrigation, et
que le riverain avait un droit à créer une usine préexistant à l'autorisation administrative. Si donc, nous supposons une usine bâtie sans autorisation, le droit de l'usinier
n'en a pas moins toute sa force vis-à-vis des riverains, et,
dans toutes les contestations qui pourraient s'élever devant
les tribunaux civils, si par exemple l'usinier prétend avoir
prescrit au moyen de ses ouvrages le droit à l'usage de
l'eau, on ne pourra pas lui objecter le défaut de l'autorisation.

Mais vis-à-vis de l'administration le point de vue change.
Un ouvrage non autorisé est pour elle comme s'il n'existait pas, elle peut n'en tenir nul compte et le supprimer
sans indemnité. C'est ce qui résulte de l'article 48 de la
loi du 16 septembre 1807. Nous verrons toutefois en
parlant des indemnités pour suppression d'usines, que
l'usine autorisée elle-même est exposée à se voir détruire
sans indemnité.

## § 4. — *Voies de recours.*

L'usinier peut se prétendre lésé soit par le refus d'autorisation, soit par les conditions qui lui sont imposées. Les
tiers peuvent aussi éprouver des dommages par suite de
la création de la nouvelle usine. Examinons ces divers cas.

Quand le préfet refuse l'autorisation, la circulaire de
1851 lui enjoint de faire connaître immédiatement sa
décision à l'usinier qui peut se pourvoir devant le Ministre.
Accorde-t-il l'autorisation en y mettant des conditions
que l'usinier trouve excessives, le principe ici encore est
qu'il n'y a pas de recours contentieux, l'administration
jugeant souverainement les mesures que nécessite le libre
cours des eaux. La seule voie ouverte est celle de la
réformation.

« Les préfets rendront compte de leurs actes aux
Ministres compétents dans les formes et pour les objets
déterminés par les instructions que ces Ministres leur
adresseront. Ceux de ces actes qui seraient contraires aux
lois ou réglements, ou qui donneraient lieu aux réclamations des parties intéressées, pourront être annulés ou
réformés par les Ministres compétents » (art. 6 du décret
du 25 mars 1852).

Une circulaire du ministre des travaux publics du 7
juillet 1852, adressée aux préfets, indique la procédure
pour les demandes en réformation. « Le recours contre

les décisions préfectorales peut s'exercer au moyen de requêtes adressées au ministre des travaux publics, soit directement, soit par votre intermédiaire. Dans le premier
cas, vous voudrez bien, sur la communication qui vous
sera donnée de la réclamation dont j'aurai été saisi, me
transmettre toutes les pièces de l'instruction, en y joignant
les avis de MM. les ingénieurs et vos observations personnelles sur la réclamation des intéressés.

« Lorsque le recours vous aura été adressé pour être
transmis par vous à l'administration supérieure, il conviendra, afin d'éviter un double renvoi, de le communi-
quer immédiatement à MM. les ingénieurs et de m'adresser
ensuite, ainsi que je l'ai dit ci-dessus, le dossier complet
avec votre avis particulier.

« Dans l'un et l'autre cas, dès que vous aurez été saisi
d'une requête présentée au ministre contre un arrêté préfectoral, vous voudrez bien surseoir à l'exécution de cet
arrêté, à moins que quelque circonstance spéciale ou quelque motif d'urgence n'en exige l'exécution immédiate. »

La réformation, avons-nous dit, est la seule voie de
recours ouverte à l'usinier. Néanmoins, la théorie admise
par le Conseil d'État en matière d'excès de pouvoirs constitue une garantie sérieuse contre les empiètements de
l'autorité administrative. On sait en effet que le Conseil
d'État interprète l'excès de pouvoir en ce sens qu'il peut
non-seulement annuler les arrêtés qui ont été pris en
dehors des attributions conférées par la loi, mais ceux
même où l'autorité administrative, restant dans les limites

de ses attributions, en use dans un but différent de celui qui lui est assigné. Ainsi en notre matière, toutes les fois que l'administration est intervenue pour faire droit à la réclamation d'un usinier ou d'un propriétaire de prairies qui se plaignait de la répartition des eaux, ou réclamait contre des possessions ou des titres privés, le Conseil d'État a invariablement annulé la décision (voy. C. d'Ét. 9 juin 1876, syndicat de Nicolas, 18 janv. 1878. Villon, 5 juillet 1878, Barrier). Mais si une mesure prise dans l'intérêt général profite à tel ou tel particulier, cela ne suffit pas pour provoquer l'annulation (C. d'Ét. 6 juillet 1863. Lautel).

Quelle est la situation des tiers qui se prétendent lésés par un acte d'autorisation ? Nous avons vu que durant l'enquête, ils pouvaient faire toutes observations et réclamations à propos de l'établissement projeté ? Pour les oppositions faites durant l'instruction de la demande et dont il n'a pas été tenu compte, on ne peut les renouveler par la voie contentieuse, le recours gracieux subsiste seul. Mais s'il y a une réclamation se basant sur des faits nouveaux, on peut la faire valoir devant le Conseil d'État (voy. C. d'Ét, 1er mai 1826. Houppin, 23 janv. 1837, 13 février 1840).

Dans tous les cas, les tiers ont la faculté d'agir devant les tribunaux judiciaires toutes les fois qu'ils se prétendent lésés dans leurs droits, ou qu'ils invoquent un dommage causé. L'article 1382 reçoit ici son application entière, puisqu'il s'agit d'un acte qui réserve les droits des tiers.

## § 5. — *Révocation et modification de l'autorisation.*

L'usine est autorisée, elle a vis-à-vis de tous une existence légale, s'ensuit-il que l'usinier ait un droit irrévocable, et que l'administration ait épuisé ses pouvoirs ? Nullement, il reste toujours les pouvoirs généraux de l'administration, tels qu'ils résultent des lois des 16-24 août 1790 et 6 octobre 1791. L'administration a toujours le droit et le devoir d'assurer le libre cours des eaux, de prévenir les inondations, de veiller au maintien de la salubrité publique, et de diriger les eaux vers un but d'utilité générale. Ce double pouvoir de police et de répartition s'étend, nous l'avons dit, à tous établissements autorisés ou non, même à ceux qui remontent à une époque antérieure à 1790.

De ce pouvoir découle pour l'administration le droit de révoquer ou de modifier les autorisations qu'elle a données précédemment. Elle peut les modifier dans l'intérêt de l'usinier qui demande à établir une surélévation dans la retenue des eaux. Elle peut les modifier ou les révoquer à son détriment, si l'établissement est reconnu nuisible à la salubrité publique, s'il inonde les propriétés voisines, toutes les fois enfin que l'intérêt de l'industrie ou l'intérêt général des riverains le réclame. Enfin une usine peut subir des chômages, une dépréciation ou même se trouver supprimée par suite de l'exécution de travaux publics. Il peut arriver que l'établissement d'une route, d'un chemin de fer, ou bien même des travaux d'amélioration ou de redressement du lit de la rivière occasionnent le chômage, la dépréciation, quelquefois la suppression d'une usine.

Dans ces divers cas, le droit de l'administration est certain et absolu, en ce sens que l'usinier n'a aucun recours qui lui permette de se soustraire à l'application des mesures de police ou d'entraver les travaux dont l'utilité publique a été reconnue. Mais l'administation lui doit-elle une indemnité? Quelle autorité en fixera le chiffre? Quelles en seront les bases? Sur tous ces points, il y a eu des variations, soit dans la pratique administrative, soit dans la jurisprudence. Nous allons examiner la question en détail.

# DES INDEMNITÉS

A propos des indemnités, nous allons traiter quatre questions :

1° Quelles usines peuvent avoir droit à l'indemnité ?

2° Quand y a-t-il lieu à indemnité ?

3° Caractère des dommages et juridiction compétente ;

4° Bases de l'indemnité.

*Première question.* — Avant les lois sur l'expropriation, la matière était réglée par l'article 48 de la loi du 16 septembre 1807 ainsi conçu : « Lorsque pour exécuter un desséchement, l'ouverture d'une nouvelle navigation, un pont, il sera question de supprimer des moulins et autres usines, de les déplacer, modifier, ou de réduire l'élévation de leurs eaux, la nécessité en sera constatée par les Ingénieurs des Ponts et Chaussées. Le prix de l'estimation sera payé par l'Etat, lorsqu'il entreprend les travaux ; lorsqu'ils sont entrepris par des concessionnaires, le prix de l'estimation sera payé avant qu'ils puissent faire cesser le travail des moulins et usines. Il sera d'abord examiné si l'établissement des moulins et usines est légal, ou si le titre d'établissement ne soumet pas les propriétaires à voir démolir leurs établissements sans indemnité, si l'utilité publique le requiert. »

Ainsi dans tous les cas où un usinier se plaignant d'un dommage réclamera une indemnité à l'administration, il faudra vérifier si l'établissement de l'usine est légal. Deux faits, nous le savons déjà, peuvent seuls conférer l'existence légale à un établissement industriel :

1° L'autorisation administrative ; 2° l'existence antérieure à 1789 ; 3° le fait d'avoir été compris dans une vente nationale. L'examen de tous ces points est du ressort de l'autorité administrative. Posons donc cette règle : N'ont droit à l'indemnité que les usines autorisées, celles qui remontent avant 1789, et celles qui ont été comprises dans une vente nationale.

*Deuxième question.* — Le titre de l'usine est légal, l'indemnité sera-t-elle toujours due ? L'administration a cherché d'abord à s'y soustraire en insérant dans les actes d'autorisation la clause de non-indemnité, c'est-à-dire en n'accordant l'autorisation que sous la condition qu'il n'y aurait pas d'indemnité due par l'Etat, toutes les fois que l'administration jugerait à propos de faire des dispositions nouvelles, pour l'avantage de la navigation, du commerce et de l'industrie (arrêté du 19 thermidor an VI).

Cette clause insérée depuis 1810 avait cessé de l'être à partir de 1829. De 1829 à 1841 on n'en usa que très rarement, enfin en 1841 on l'a remise en vigueur. Mais la jurisprudence qui n'avait pas mis en doute la validité de cette clause est revenue sur ce point à une interprétation plus favorable à l'industrie. En 1860 elle a décidé, sur les conclusions de M. Leviez, conseiller rapporteur, que l'administration peut stipuler dans l'acte d'autorisation que, dans les cas où elle prendrait pour la police et la répartition des eaux de nouvelles mesures, elle ne devrait aucune indemnité pour le préjudice causé aux usines par l'exécution de ces mesures, mais que dans tous les autres cas, l'indemnité serait due nonobstant toute clause contraire. Nous reproduisons les conclusions de M. le conseiller d'Etat rapporteur Leviez (13 juillet 1860. Affaire Beaufrère).

« L'administration a-t-elle le droit de soumettre à la condition d'un retrait facultatif, sans indemnité, les autorisations de dériver ou d'utiliser par des barrages, les eaux des cours d'eau non navigables, ni flottables?

« Un pouvoir dont l'administration doit rester investie et dont l'exercice ne peut être gêné par l'obligation de payer des indemnités, est assurément son droit de police. Aussi, si un barrage même autorisé inonde la contrée, nul doute que l'administration ne puisse en ordonner l'abaissement, même la suppression. C'est là une application des principes généraux du droit et de la réserve inhérente à toute autorisation administrative.

« Il faut admettre, en outre, qu'en vertu du droit qui lui est attribué, de répartir entre les ayants-droit les usages d'un cours d'eau commun à un grand nombre de riverains, l'administration peut toujours, malgré une autorisation donnée, s'opposer aux déperditions d'eau que commettraient les arrosants ou les usiniers, c'est-à-dire leur retirer, pour les transmettre à un autre ayant-droit, une force motrice ou fertilisante, qu'ils laisseraient sans emploi, qui serait, dès lors, perdue pour eux et pour la richesse publique.

« Mais après avoir reconnu à l'administration tous ces pouvoirs, faut-il admettre qu'elle peut, pour tous les cas de travaux publics, de navigation nouvelle, etc., se réserver par une clause expresse insérée dans les permissions, le droit de supprimer sans indemnité, soit la chute, soit la dérivation autorisée? Nous ne saurions le penser.

« L'administration pourrait, dit-on, refuser l'autorisation ; donc elle peut y mettre telles conditions que bon lui semble. — C'est là une erreur. Il n'est pas vrai que l'administration puisse prononcer ce refus, si nulle raison de police ne le motive.

« La base du droit de l'arrosant ou de l'usinier n'est pas dans la permission qu'il obtiendra ; elle est dans sa qualité de riverain. C'est ce qu'on doit reconnaître, sous peine d'effacer toute distinction entre les cours d'eau navigables et les cours d'eau non navigables, — c'est ce qu'admettent les auteurs, quel que soit d'ailleurs leur système sur la propriété des eaux. — Droit de propriété ou droit d'usage, sous un nom ou sous un autre, il est évident qu'il existe entre les mains des riverains des cours d'eau non navigables, autre chose qu'une pure éventualité, qu'une simple aptitude à recevoir des concessions discrétionnaires. — C'est, disait M. Rauter en 1835, un droit réel, positif, une espèce de servitude active, une sorte de démembrement de la propriété même.

« L'exercice de cette servitude active est subordonné au

contrôle de l'administration. Celle-ci est appelée à déclarer : si, oui ou non, il peut se concilier avec les intérêts de la salubrité et de la police ; mais cette déclaration ne peut être grevée de conditions fiscales, sous prétexte que lesdites conditions sont finalement moins onéreuses que ne le serait le refus d'autorisation. — Ce même raisonnement légitimerait l'établissement d'une taxe ; or, tout le monde reconnaît que les taxes annuelles, signe de précarité, ne peuvent être imposées qu'aux particuliers qui utilisent les eaux du domaine public..... »

Les conclusions que nous venons de reproduire, et qui furent admises par le conseil d'État restreignaient la clause de non-indemnité au cas de mesures de police et de répartition des eaux. Les arrêts postérieurs à celui de 1860 (16 août 1862, Lafforque. 9 décembre 1865, S⁼ Aumont-Thiéville. 24 février 1865, Sʳ Damay, 20 juin 1865, Lesquilbet. 21 juin 1866, Sʳ Oudéa. 19 mars 1868, Sʳ Champy) ne parlent plus de mesures de répartition et semblent restreindre l'effet de la clause au cas de mesures de police. Cependant la circulaire du 20 avril 1865 recommande aux préfets d'insérer la clause dans les termes suivants qui contiennent les mesures de répartition.

« Le permissionnaire ou son fermier ne pourront prétendre à aucune indemnité ni dédommagement quelconque, si à quelque époque que ce soit, l'administration reconnaît nécessaire de prendre, dans l'intérêt de la police et de la répartition des eaux, des mesures qui le privent, d'une manière temporaire ou définitive, de tout ou partie des avantages résultant de la présente autorisation, tous droits antérieurs réservés. »

Nous pensons qu'il serait souhaitable et conforme à la loi que l'indemnité fût toujours payée, sauf en cas de mesures de police générale, ayant pour but d'éviter les inondations ou d'assurer la salubrité publique, ou lorsque l'usinier s'est mis en contradiction avec son titre et où la mesure prise a les caractères d'une peine.

L'usinier qui a demandé l'autorisation, qui a observé toutes les conditions imposées, et qui n'est pas en contradiction avec les lois de police, nous paraît avoir un droit irrévocable en ce sens, qu'il ne peut lui être enlevé sans indemnité. On ne peut, sous prétexte d'une nouvelle répartition de l'usage des eaux le priver de son droit. C'est rendre la position des usiniers par trop précaire, et comme le disait le conseiller d'État rapporteur M. Leviez dans l'affaire citée ci-dessus : « Il faut que le riverain d'un cours d'eau qui s'impose de lourdes dépenses pour transformer l'eau qui passe en un agent de mécanique ou de culture, ait la certitude que le fruit de ses sacrifices ne lui sera pas un jour ravi sans indemnité. Tout risque, tout péril que l'on laissera planer sur ces utiles travaux sera un conseil à l'inertie, un empêchement au progrès. » Les lois de 1790 et 1791 donnent, il est vrai, à l'administration un pouvoir de répartition, mais nous avons dit qu'elle réglait les droits et ne les créait pas, qu'il y avait pour les riverains si non une propriété, au moins un droit d'usage qui est garanti par la loi.

*Troisième question.* — Nous savons quelles usines ont droit à l'indemnité, et dans quels cas elle est due. Il faut maintenant rechercher quelle est l'autorité compétente pour apprécier le dommage et fixer le chiffre de l'indemnité due.

Les partisans de la propriété des cours d'eau et de la pente ont vu dans la suppression d'une usine une véritable expropriation, et ont admis successivement l'applicabilité des lois de 1810, 1833, 1841. Ce système a été celui de la jurisprudence jusqu'en 1841, époque à laquelle elle a transformé son opinion sur la question de la condition des cours d'eau non navigables et en a fait des choses communes.

Mais les décisions postérieures à cette date ne voient plus que de simples dommages dans les suppressions d'usines et font l'application de l'article 48 de la loi du 16 septembre 1807, qui donne compétence au Conseil de préfecture (V. C. d'Ét. 17 décembre 1847, Héritiers Pinon, 13 août 1851, Héri-Rousset).

Pour donner une idée complète de la question, il faut rappeler que la Cour de cassation, qui avait d'abord admis la doctrine que le dommage permanent équivaut à expropriation l'a abandonnée depuis 1852, sous l'influence de la décision du tribunal des conflits qui, appelé en 1850 à se prononcer sur cette controverse, l'a tranchée en faveur de la compétence du Conseil de préfecture.

Dans l'état actuel de la jurisprudence les tribunaux

n'ont donc pas à se prononcer sur les suppressions d'usine d'une façon principale.

Mais le doute est beaucoup plus grand si les bâtiments sont supprimés en même temps que le matériel. Il y a alors véritable expropriation, quant aux bâtiments et dommage quant au matériel, faut-il admettre une double compétence? Faut-il voir dans le matériel un accessoire du bâtiment? Le premier système et celui du Conseil d'État (29 mars 1851, Chevalier et Truchon, 27 avril 1857, Marchand, 15 mai 1878).

La Cour de cassation au contraire s'est prononcée pour le second système (2 août 1865), laissant seulement à l'autorité administrative le soin d'apprécier si l'établissement est légal (21 juillet 1853, Brest, 28 mars 1866, usines de Saint-Maur). On a voulu justifier cette opinion en invoquant l'analogie avec les situations prévues par les articles 21, 22 et 39 de la loi de 1841, mais comme le dit très bien M. Bourguignat (*Législation des établissements industriels*) : « Il suffit de lire les articles sus-indiqués pour s'apercevoir que les droits accessoires dont il est question sont ceux-là seulement dont l'immeuble est grevé au profit des tiers, et desquels les tiers jouiraient à un tout autre titre que celui de propriétaire. Disons qu'il s'agit ici de l'expropriation d'un établissement hydraulique, les forces motrices ne faisant qu'un même ensemble avec l'immeuble industriel. »

*Quatrième question.* — Quelles sont les bases de l'indemnité? D'ordinaire l'indemnité se base sur le préjudice, mais ici la question se complique de la nécessité de l'autorisation. De même que l'usine non autorisée n'a droit à aucune indemnité, de même la jurisprudence n'a d'abord voulu comprendre dans l'indemnité que les changements autorisés. Cette doctrine rigoureuse a été abandonnée : d'abord en 1851, le Conseil d'État a reconnu que les changements intérieurs, sans autorisation, devaient donner droit à l'indemnité (C. d'Ét. 29 nov. 1851, Rouyer, 21 avril 1854, Bergère). On est allé plus loin, et en 1866, sur les conclusions de M. le commissaire du gouvernement, Aucoc (C. d'Ét. 26 juillet 1866. Ulrich), le Conseil d'État a distingué entre la force motrice brute, et la force motrice utile : la première résultant de la hauteur de la chute d'eau ne peut être modifiée sans autorisation ; mais la seconde qui consiste dans les modifications aux roues et coursiers n'a pas besoin d'être autorisée pour donner lieu à indemnité (C. d'Ét., 6 décembre 1866, Ramspucher ; 9 janvier 1867, Gœpp ; 9 mai 1867, Hummel ; 14 juillet 1871, Comp. de Lyon ; 5 mai 1876, Priousse).

Des usiniers ont élevé plus haut encore leurs prétentions, et ont voulu faire entrer en ligne toute la force motrice qu'ils auraient eue s'ils avaient donné au mécanisme tous les développements possibles. Mais leur prétention a été justement repoussée ; il n'y a là qu'un dommage éventuel. (C. d'Et. 9 mai 1867, Hummel, 6 mars 1874 ville de Lille contre Roure, 27 avril 1877).

Il est bien certain que d'après les principes généraux, c'est au moment de l'exécution des travaux que le préjudice doit être apprécié (C. d'Et. 21 novembre 1851, Cⁱᵉ de la navigation du Drot).

Le préjudice causé aux usiniers n'a pas toujours un caractère absolu et permanent. Il peut y avoir de simples chômages, des dérivations partielles, temporaires et intermittentes opérées pour l'alimentation d'un nouveau canal, et dont on ne peut apprécier immédiatement les effets. Y a-t-il dans ce cas une créance unique, ou une créance correspondant à chaque chômage? On voit l'intérêt de la question soit au point de vue du mode de réglement, soit au point de vue de la prescription à invoquer par l'administration.

Il est certain que l'usine subit une dépréciation actuelle par cette sorte de servitude acquise sur le cours d'eau. Il y a là un état de choses permanent, et le paiement successif des chômages ne constituerait pas, à nos yeux, l'indemnité du préjudice. Ajoutons que les termes généraux de l'article 48 de la loi du 16 septembre 1807 laissent peu de place au doute, ils visent toute modification à l'usine et supposent toujours une créance unique. Or n'est-ce pas une modification que de diminuer le volume d'eau dont l'usine peut disposer? Un arrêt décide cependant avec juste raison que pour qu'il y ait créance unique, il faut que les travaux soient exécutés et le régime d'alimentation du canal définitivement arrêté (17 juillet 1850, de Mortemart).

Le principe admis, comment appréciera-t-on cette indemnité unique? Il faudra faire deux parts : 1° Une indemnité afférente aux chômages subis pendant une certaine période ; 2° Une partie qui s'applique à la dépréciation définitive de l'usine calculée d'après la moyenne des chômages annuels subis pendant la première période (C. d'Et. 27 avril 1877).

*Intérêts*. — Au sujet des intérêts il faut faire l'application des principes généraux, mais il est bon de noter qu'il y a dissentiment entre la jurisprudence de la Cour de cassation et celle du conseil d'Etat. Le conseil d'État n'accorde les intérêts que du jour où ils ont été spécialement et expressément demandés ; la Cour de cassation décide que les intérêts des sommes dues pour réparation d'un préjudice peuvent être allouées à partir de la demande principale comme faisant partie intégrante et nécessaire du principal lui-même (C. d'Et. 10 août 1844. d'Argent, 22 février 1851. Tronchon, 29 novembre 1851. Rouyer, 22 novembre 1872. De France). (Cass. 8 août 1833. 5 novembre 1834).

Cependant, en cas de suppression totale de l'usine, le conseil d'État lui-même fait courir les intérêts du jour de la suppression, par cette raison que les intérêts représentent la jouissance d'une chose productive de revenus (C. d'Ét. 25 août 1857, de Nicolaï, même date : Marchand).

Observons que dans quelques cas il pourra y avoir des compensations ou des réductions à opérer sur le chiffre des indemnités, si par exemple l'usinier a employé le temps des chômages à faire des réparations à son établissement.

*Procédure*. — Disons en terminant quelques mots de la procédure.

Le conseil de préfecture fixera le plus souvent au moyen d'une expertise les bases de l'indemnité. Mais ce moyen d'instruction ne lui est imposé par aucun texte de la loi, nous pensons donc qu'il pourrait s'éclairer par tout autre moyen. Mais du moment qu'il a recours à l'expertise les formes des articles 56 et 57 de la loi du 16 septembre 1807 doivent être suivies :

Art. 56. — Les experts pour l'évaluation des indemnités relatives à une occupation de terrain dans les cas prévus au présent titre, seront nommés pour les objets de travaux de grande voirie, l'un par le propriétaire, l'autre par le préfet, et le tiers expert, s'il en est besoin, sera de droit l'ingénieur en chef du département : lorsqu'il y aura des concessionnaires un expert sera nommé par le propriétaire, un par le concessionnaire et l'expert par le préfet.

Art. 57. — Le contrôleur et le directeur des contributions donneront leur avis sur le procès-verbal d'expertise qui sera soumis par le préfet à la délibération du conseil de préfecture ; le préfet pourra dans tous les cas faire faire une nouvelle expertise.

Les experts doivent prêter le serment préalable, à peine de nullité de leurs opérations (8 juin 1850, Compagnie de la navigation du Drot).

## SECTION III

### *Des actes collectifs ou règlement d'eau.*

L'administration ne se contente pas d'agir par des actes individuels en accordant des autorisations, et réglant les conditions des concessions qu'elle accorde ; elle intervient le plus souvent par des arrêtés collectifs ayant pour but, soit de déterminer le mode de jouissance des usiniers et arrosants, soit de prendre des mesures générales dans l'intérêt de la salubrité et pour éviter les inondations.

Ces arrêtés auquels convient spécialement le nom de réglements d'eau, sont pris par l'administration lorsqu'elle le juge nécessaire, et sans qu'elle puisse y être contrainte par les demandes et les plaintes des particuliers (C. d'Ét. 9 mai 1866. — Marais de l'Anthie).

Les réglements d'eau peuvent se proposer deux buts bien différents qui correspondent exactement aux deux sortes de pouvoirs de l'administration sur les eaux. Lorsqu'elle règle dans l'intérêt des riverains le mode d'user de chaque ayant-droit, ses arrêtés participent du caractère des actes d'autorisation ; mais quand elle prend des mesures en vue de l'intérêt public, ses prescriptions sont de véritables prescriptions de police. Et c'est là une distinction fondamentale ; car pour les arrêtés de répartition l'administration doit tenir compte des droits des parties, et des conventions qui ont pu intervenir ; lors au contraire qu'elle prend des mesures de police, l'administration n'est nullement arrêtée par l'existence de droits privés, elle peut les méconnaître, et aucun recours n'est ouvert aux parties qui se prétendraient lésées. Cependant ce pouvoir de l'administration n'est pas sans bornes, et, si elle peut empêcher le propriétaire de préjudicier aux droits du public, elle ne peut lui prescrire d'abandonner une por-

tion de son héritage, ou d'en changer la disposition naturelle. De tels actes constitueraient des excès de pouvoirs et
seraient annulés par le conseil d'État.

Il y aurait également excès de pouvoir si l'autorité administrative intervenait dans un intérêt privé. Mais il ne faut
pas exagérer cette idée. Il a été jugé avec beaucoup de raison que « un règlement a pour objet un intérêt général et
non des intérêts privés, est dès lors est pris dans la limite
des pouvoirs appartenant à l'administration, lorsqu'il a
pour objet le régime de nombreuses usines et l'irrigation
d'une étendue considérable de terrains (c. d'Ét. 26 déc.
1879. — D. 1880, 3, 50). — Serait au contraire entaché
d'excès de pouvoir l'acte administratif qui dans un intérêt
privé fait un règlement pour partager des eaux d'irrigation
(c. d'Ét. 9 juin 1876. — D. 1876, 3, 96) ou pour déterminer le régime d'une usine (c. d'Ét. 18 janvier 1878. —
D. 1878, 3, 67).

*Forme.* — Nous savons que les règlements d'eau sont faits
soit par les préfets, soit en la forme des règlements d'administration publique, suivant qu'ils sont ou non conformes
aux anciens règlements ou usages locaux, mais dans les
deux cas l'instruction doit être la même que pour les actes
d'autorisation.

*Sanction.* — Les juges civils doivent appliquer les règlements d'eau légalement faits. Leur légalité reconnue, ils ne
peuvent se dispenser de les appliquer entre les parties, et
nous verrons plus bas qu'ils doivent appliquer une peine
contre ceux qui les ont méconnus.

Si le sens d'un règlement est obscur ou ambigu, d'après les principes généraux, le juge renvoie pour l'interprétation, devant l'autorité administrative « *ejus est interpretari legem, cujus est condere* ». L'autorité compétente pour donner l'interprétation sera ici le préfet ou le conseil d'État, suivant qu'il s'agit d'un arrêté préfectoral ou d'un règlement d'administration publique.

## SECTION IV

*Police répressive et contraventions.*

Il y a une double sanction aux infractions commises par les particuliers, qui n'observent pas les prescriptions contenues dans les règlements d'eau et dans les actes de concession, ou qui entravent le libre cours des eaux. Ces infractions peuvent en effet être réprimées : 1° par l'autorité administrative ; 2d par l'autorité judiciaire.

*Sanction administrative.* — On ne saurait méconnaître à l'administration active le droit de mise en chômage et même de suppression, à l'encontre d'un établissement qui occasionne des dommages par un usage abusif des eaux. Ce droit résulte pour elle de la loi du 20 août 1790 qui lui impose l'obligation de veiller au libre cours des eaux. Aussi, qu'un usinier ne satisfasse pas aux prescriptions de l'acte d'autorisation ou aux règlements généraux sur la police des eaux, l'administration pourra mettre son usine en chômage, ou prononcer l'interdiction temporaire, ou même la suppression.

Ce pouvoir ne fait pas double emploi avec celui des tribunaux, car ceux-ci ne peuvent intervenir que lorsqu'ils sont saisis, et les lenteurs de la procédure judiciaire s'accorderaient souvent mal avec l'urgence des mesures à prendre. L'application de la mesure administrative laisse du reste intact le droit des tribunaux, et il faut y voir, non une peine administrative, mais une mesure d'ordre public (C. d'Ét. 14 août 1871 Couillaud. 23 janvier 1874 héritiers de Lavigne).

*Sanction judiciaire.* — Nous rencontrons ici en premier lieu l'art. 471-15° du Code Pénal qui s'appliquera toutes les fois qu'il y aura contravention soit à un acte d'autorisation, soit à un réglement d'eau quelconque. Le tit. II de la loi du 6 octobre 1791 renfermait les deux articles suivants :

Art. 15. — « Personne ne pourra inonder l'héritage de son voisin, ni lui transmettre volontairement les eaux d'une manière nuisible sous peine de payer le dommage et une amende qui ne pourra excéder la somme du dédommagement. »

Art. 16. — « Les propriétaires ou fermiers des moulins ou usines construits ou à construire sont garants de tous dommages que les eaux pourraient causer aux chemins ou aux propriétés voisines par la trop grande élévation du déversoir ou autrement. Ils seront forcés de tenir les eaux à une hauteur qui ne nuise à personne et qui sera fixée par le directoire du département, d'après l'avis du directoire de district. En cas de contravention, la peine sera une amende qui ne pourra excéder la somme du dédommagement. »

D'un autre côté l'article 457 du Code pénal est ainsi conçu : « Seront punis d'une amende qui ne pourra excéder le quart des restitutions et des dommages-intérêts, ni être au-dessous de 50 francs, les propriétaires ou fermiers ou toute personne jouissant des moulins, usines ou étangs, qui, par l'élévation du deversoir de leurs eaux au-dessus de la hauteur déterminée par l'autorité compétente, auront inondé les chemins ou les propriétés d'autrui.

« S'il est résulté du fait quelques dégradations, la peine sera, outre l'amende, un emprisonnement de six jours à un mois. »

L'article 457 du Code pénal a-t-il abrogé les deux articles de la loi de 1791 ? Il en résulterait qu'on ne pourrait infliger de peine qu'au cas où il existerait un règlement fixant la hauteur des eaux.

Mais la Cour de cassation, avec raison, ne s'en tient pas là, et considère que l'article du Code pénal a abrogé l'article 16, mais qu'il laisse intact l'article 15 de la loi de 1791. Or, l'article 15 punit toute transmission nuisible des eaux faite volontairement, qu'il y ait ou non un règlement.

Ce système repose sur l'observation suivante : c'est que l'article 457 s'est placé exactement dans l'hypothèse de l'article 16, qu'il a donc remplacé cet article, mais n'a nullement abrogé l'article 15 qui se place dans un cas absolument différent.

Ainsi, pour une usine autorisée, le fait seul de la surélévation au-dessus du niveau fixé par l'acte d'autorisation est une contravention punie par l'article 471-5° du Code pénal, d'une amende de 1 franc à 5 francs ; si ladite usine provoque des inondations, on appliquera l'article 457 du même Code.

Pour une usine non autorisée le fait seul de la surélévation n'est pas punissable, la hauteur des eaux n'ayant pas été fixée. Mais le fait d'inondation tombe sous le coup de l'article 15 de la loi du 6 octobre 1791.

Cet article ne punit pas seulement le fait d'inondation, il punit toute transmission nuisible faite volontairement. La cour de Cassation a vu une transmission nuisible dans le cas où il s'opère un remous sous les roues d'une usine supérieure, ou contre le terrain d'autrui qui subit des dégradations (Cass. 4 septembre 1835, Laurent). On pourrait aussi déclarer l'article applicable au cas où l'usinier transmet des eaux salies ou corrompues ; mais suivant une observation déjà faite, il faut tenir compte ici des nécessités de l'industrie, et on ne peut exiger que l'usinier rende l'eau strictement dans le même état de pureté.

Le locataire, l'usufruitier, ou toute personne jouissant des moulins ou usines sont responsables dans tous les cas (v. art. 457, C. pén.). En vain le locataire invoquerait le mauvais état de l'usine, il n'avait qu'à réclamer l'exécution des grosses réparations.

# POSITIONS

## DROIT ROMAIN

I. — Le fils de famille n'a jamais été l'objet d'un véritable droit de propriété.

II. — La *manus injectio* n'est pas donnée contre le fils de famille obligé contractuellement.

III. — Sous Justinien le pécule castrense est l'objet d'une succession *ab intestat*.

IV. — À l'époque de la tutelle perpétuelle des femmes, la fille de famille était incapable de s'obliger.

## DROIT CIVIL

I. — Les droits conférés par l'article 644 du Code civil, aux riverains des cours d'eau non navigables, ne constituent pas des servitudes.

II. — Le riverain peut user des eaux pour ses propriétés non-riveraines.

III. — Le riverain peut céder son droit aux eaux à un non-riverain.

IV. — La jouissance exclusive des eaux ne suffit pas pour donner ouverture à l'action possessoire, il faut qu'elle soit accompagnée d'actes contenant contradiction des droits des riverains.

V. — Les tribunaux peuvent ordonner la suppression des travaux simplement autorisés par un acte administratif.

## DROIT CRIMINEL

I. — L'article 457 du Code pénal n'a pas abrogé l'article 15 du titre II de la loi du 6 octobre 1791.

II. — Un commerçant ne peut être poursuivi comme banqueroutier simple ou frauduleux sans jugement préalable du tribunal de commerce déclarant la faillite.

## DROIT DES GENS

I. — L'occupation n'est pas par elle-même un titre suffisant et légitime pour acquérir la propriété internationale.

II. — La possession non interrompue par un État d'un territoire ou de tout autre bien, pendant un certain laps de temps, exclut les droits de tout autre État à cet égard.

---

*Vu par le Président de la thèse,*
LYON-CAEN.

*Vu par le Doyen,*
CH. BEUDANT.

*Vu et permis d'imprimer,*
Le Vice-Recteur de l'Académie de Paris,
GRÉARD.

# TABLE DES MATIÈRES

## DROIT ROMAIN